ÉTRANGÈRE
PARMI
LES SIENS

ÉTRANGÈRE
PARMI
LES SIENS

Édition
Les Éditions de Mortagne
250, boul. Industriel, bureau 100
Boucherville (Québec)
J4B 2X4

Diffusion
Tél.: (514) 641-2387
Téléc.: (514) 655-6092

Dépôt légal
Bibliothèque nationale du Canada
Bibliothèque nationale du Québec
3e trimestre 1991

ISBN: 2-89074-426-4

1 2 3 4 5 - 91 - 95 94 93 92 91

Imprimé au Canada

Écrire avec des mots ce que le corps a subi.
Écrire avec des mots ce que le cœur a souffert.

Écrire avec des mots ce que l'esprit ne peut plus tolérer.

Écrire avec des mots ce que les émotions et les sentiments ont étouffé.

Écrire ou mourir

Dédié à mes enfants

TABLE DES MATIÈRES

Chapitre 1

Le mariage

Sous une pluie torrentielle, en ce dix mai mil neuf cent quarante-huit, le taxi conduit Henriette et son père vers la cathédrale de Chicoutimi. Il s'arrête devant la sacristie où l'abbé Charles-Eugène Fortin les attend. La mariée descend avec précaution, parée, comme il se doit, de sa belle robe blanche en satin. Son corps est mince et sa démarche souple et lente. Une couronne de fleurs et un long voile ornent son abondante chevelure brune et bouclée. Son regard profond scintille de mille feux et les pommettes de ses joues éclatent de santé et de joie. Elle entre dans la sacristie, souriante et calme.

Dorila est déjà présent. Bien planté et de haute stature, il a revêtu un complet sombre qui le fait paraître encore plus grand. Sa chevelure est noire et ses yeux très sombres de couleur noisette semblent enfoncés dans son visage pâle presque imberbe. Leurs regards amoureux se croisent. Dorila plisse les yeux et sourit. Il se dirige le premier vers la nef de l'église. La mariée, tout émue, avance à son tour au bras de son père. Elle ajuste ses pas au rythme de la musique se souhaitant tout le bonheur possible. Pendant qu'elle remonte l'allée de la cathédrale, elle lève les yeux et regarde respectueusement le magnifique tableau qui se trouve au-dessus du maître-autel.

«Mon Dieu, le combat que j'ai livré pour choisir entre la vocation religieuse et celle du mariage va prendre fin dans quelques instants. Toutes les souffrances morales que j'ai endurées seront bientôt terminées. Terminée aussi la violence de mon père, terminé le chantage émotif de ma mère, terminée ma course vers l'amour... Je serai heureuse avec Dorila. Notre maison sera remplie de joie et de rires d'enfants qui combleront nos jours de bonheur. Mon Dieu, éloignez de mon foyer la misère, la violence et la colère.»

Henriette s'approche maintenant de la balustrade et Isidore, son père, se place à sa gauche. Il a le port de tête élevé et il se gourme comme un coq dans sa basse-cour. Les deux jeunes gens s'agenouillent. Le célébrant s'avance et leur sourit. Henriette jette un coup d'œil aux vitraux: la pluie tombe toujours. Elle attend anxieusement la réponse de son Dieu à qui elle a adressé une prière avant son départ pour l'église.

«Seigneur, Dieu de l'univers, vous qui avez tout décidé de toute éternité et qui connaissez vos enfants de tout temps, si je m'engage dans la voie qui m'a été tracée depuis ma création, donnez-moi la réponse ce matin. Je veux savoir si je suis sur la bonne route. Si la réponse est oui, répondez-moi par le soleil qui sera présent à la sortie de l'église. Si c'est non, que la pluie continue de tomber tout au long de la journée.»

Au dehors, rien ne semble vouloir changer. L'abbé Charles-Eugène Fortin s'adresse aux futurs époux.

«Vous recevrez dans quelques instants le sacrement du mariage que saint Paul a appelé justement le grand sacrement. Soyez fiers de le recevoir et n'oubliez pas que vous allez en être vous-mêmes les ministres par l'échange de votre consentement mutuel. La grâce qui vous sera alors donnée vous apportera l'aide nécessaire pour accueillir avec joie et générosité les enfants que le bon Dieu vous enverra et pour les éduquer chrétiennement afin d'en faire des citoyens accomplis ici-bas et dans le ciel des héritiers de Dieu.

»Disposez vos cœurs à recevoir avec foi et amour Jésus hostie, le pain spirituel de vos âmes. Promettez-lui de vous approcher souvent, tous les deux, du sacrement de l'Eucharistie. Vous inclurez ainsi Jésus dans votre amour.

»Vous devrez également conserver l'un pour l'autre un amour et une fidélité indéfectibles. Vous devrez vous secourir mutuellement dans les peines et les difficultés de la vie. Vous devrez supporter avec patience vos défauts, vos imperfections et vos infirmités réciproques. Enfin, s'il plaît à Dieu de vous donner des enfants, vous devrez les consacrer par le baptême, et les former et les élever pour l'héritage du ciel et non pour celui de la terre.»

Henriette écoute avec attention les paroles du célébrant. Son regard croise celui de Dorila et elle y voit le même désir de bonheur. Elle est submergée par des sentiments profonds et son cœur est rempli d'émotions.

Les paroles du prêtre sont les paroles de Dieu. Dieu lui parle par son représentant, et Dieu lui-même la bénit et la consacre par ce sacrement. Henriette lève la tête et regarde encore une fois la fresque représentant Dieu le Père assis sur une mappemonde avec le Christ, son fils, à sa gauche et la colombe placée entre eux qui les unit dans la Sainte Trinité.

«Telles sont les obligations que vous allez contracter en présence du ministre de Jésus-Christ et à la face des saints autels, continue le célébrant. Si vous êtes bien convaincus de leur importance et de la sainteté du sacrement du mariage, disposez-vous à le recevoir dignement. Purifiez vos intentions. Formez la résolution de travailler efficacement à vous sanctifier dans l'état du mariage. Élevez vos cœurs vers Dieu, priez-le avec une grande dévotion et demandez-lui de bénir votre union.

»Si vous êtes dans ces saintes dispositions, vous pouvez espérer que Dieu vous bénisse. Nous joindrons nos prières aux vôtres à cette fin. Après avoir célébré votre mariage, nous offrirons le saint sacrifice de la messe auquel nous vous exhortons à assister avec respect et dévotion.»

Puis, se tournant vers le futur époux, le prêtre demande:

— Vous, Dorila Brassard, voulez-vous prendre pour épouse Henriette Tremblay, ici présente, pour votre légitime épouse, suivant le rite de notre mère la sainte Église?

— Oui, je le veux.

15

— Et vous, Henriette Tremblay, voulez-vous prendre Dorila Brassard, ici présent, pour votre légitime époux, suivant le rite de notre mère la sainte Église?

— Oui, je le veux.

— Donnez-vous la main droite. Je vous unis dans le mariage au nom du Père, du Fils et du Saint-Esprit. Ainsi soit-il.

Le prêtre asperge d'eau bénite les nouveaux époux et il ajoute:

«Prions. Seigneur, bénissez cet anneau que nous bénissons en votre nom afin que celle qui le portera conserve à son époux une fidélité entière. Qu'elle demeure dans votre paix et selon votre volonté et qu'elle vive toujours dans la charité. Par Jésus-Christ Notre-Seigneur. Ainsi soit-il.»

Le prêtre asperge ensuite l'anneau et le présente à Dorila. Celui-ci le glisse à l'annulaire gauche de sa nouvelle épouse.

«Au nom du Père, du Fils et du Saint-Esprit. Ainsi soit-il. Vous voilà mariés, mon cher frère et ma chère sœur, vous voilà unis pour la vie. Le sacrement du mariage que vous venez de recevoir a imprimé un sceau divin à votre union et l'a sanctifiée. Avec ce grand sacrement, vous avez reçu la bénédiction de Dieu et de l'Église et toutes les grâces nécessaires pour remplir fidèlement les devoirs de votre état.»

Sitôt ces paroles prononcées, le prêtre monte à l'autel pour y célébrer le sacrement de l'Eucharistie. Les dernières notes jouées par l'organiste font vibrer les vitraux et les murs de la cathédrale, vibre aussi le cœur des nouveaux époux. Enfin, ils sont unis pour la vie; seule la mort pourra les séparer. Leurs regards de nouveaux époux se croisent à nouveau, ils sont très émus. La beauté et l'immensité du lieu rend leur serment d'autant plus immense et beau.

Après la cérémonie, les grandes portes de la cathédrale s'ouvrent sur un ciel radieux.

«Enfin, ma prière est exaucée!» se dit Henriette. Et, le cœur léger, elle descend le grand escalier au bras de Dorila.

Le repas est servi par Élise, Luce et Hélène, les sœurs d'Henriette, dans la grande maison ancestrale des Dubuc. Au dessert, Isidore, qui aime bien les discours, prend la parole. Il souhaite à sa fille tout le bonheur qu'elle mérite et il termine en disant que ce mariage est promis à un succès certain.

«Ma fille, affirme-t-il, a le sens du devoir et Dorila est un homme bon.»

L'abbé Charles-Eugène Fortin prend la parole à son tour et fait les mêmes promesses.

Le repas terminé, tous les invités passent au salon pour fêter. L'oncle Jos a consenti à faire transporter son piano de Jonquière à Chicoutimi parce que sa femme Simonne est la marraine d'Henriette. Les joueurs de piano se succèdent et la fête bat son plein jusqu'au départ des mariés.

Chapitre 2

Le voyage de noces

Malgré le grand vent qui souffle depuis le matin, le soleil est resté au rendez-vous et les deux familles sont présentes à l'aéroport de Bagotville pour le départ des jeunes mariés.

Le voyage de noces se fait en avion ce qui est peu commun pour l'époque. Les deux jeunes gens avaient acheté à l'avance leurs billets d'avion pour Montréal et ils avaient réservé une chambre d'hôtel dans la grande ville.

L'avion s'avance sur la piste et, enfin, ils peuvent monter à bord. Assis côte à côte, ils se tiennent la main pour chasser la peur, car ils craignent un peu le décollage. C'est leur baptême de l'air. L'avion se déplace lentement, par petits coups, et prend son envol. Henriette sent son corps se ramollir et elle se laisse glisser sur l'épaule de son mari. À leur arrivée à Dorval, un taxi attend pour les conduire à l'hôtel.

La journée a été longue, épuisante et remplie d'émotions. Aussi, après un bon bain, nos deux tourtereaux s'endorment rapidement dans les bras l'un de l'autre. Se disant fatigué, Dorila ne s'attarde pas trop longtemps aux caresses. Henriette est émue de son attitude respectueuse face à la virginité de son corps.

Le lendemain matin, elle est vivement réveillée par Dorila, déjà tout habillé, prêt à partir.

«Vite, dépêche-toé, nous allons marcher et visiter Montréal.»

Henriette s'approche de son mari et tente une caresse, aussitôt esquivée.

«Dépêche-toé, on n'a pas l'temps.»

Un peu déçue, elle met son beau costume gris et passe fièrement son bras sous celui de son mari. Mine de rien, elle presse son corps contre le sien alors qu'ils se dirigent vers l'ascenseur et elle se laisse emporter par la griserie du moment.

Tout en déjeunant, Henriette et Dorila examinent la carte de la ville et fixent leur itinéraire de la semaine: musées, parcs, et surtout, l'oratoire Saint-Joseph. Ils franchissent la porte de l'hôtel bras dessus, bras dessous, dans un grand éclat de rires, sous le soleil radieux d'une ville inconnue, mais accueillante. Tout leur paraît resplendissant. Les trottoirs semblent de marbre, les édifices prennent l'allure de tours dorées et les parcs ont l'air de jardins d'éden. Seul l'épuisement les arrête sur un banc public ou dans un café.

Henriette regarde son mari assis près d'elle, humant son café. Il paraît tellement heureux qu'elle croit au bonheur. Elle prend sa main et la caresse avec insistance. Il lui répond par un sourire de satisfaction. Mais lorsque le couple approche enfin de l'hôtel, Dorila s'assombrit et devient songeur. Henriette s'approche, enjouée et souriante, et lui pince tendrement les deux joues, le forçant à sourire.

— Qu'est-ce que t'as à rester comme ça sans parler?

— J'sais pas c'que j'ai, mais j'ai peur.

— T'as peur de quoi?

— De t'toucher.

— Attends. C'é pas pressé. On l'fera quand tu s'ras prêt.

Ces paroles rassurent Dorila, mais il reste froid et distant.

Le lendemain, le 12 mai, la nouvelle mariée est toujours vierge. Le couple repart à l'assaut de la ville: les grands magasins, les parcs, les promenades main dans la main. Ceux-ci semblent vraiment heureux. Les gens à qui ils confient qu'ils sont nouveaux mariés les félicitent et leur souhaitent beaucoup de bonheur. Mais, dès leur retour à l'hôtel, Dorila retombe dans la même attitude sombre et morose. Après quelques jours, Henriette n'ose plus l'approcher, craignant de l'assombrir davantage. Le voyage se poursuit et la tension monte.

Au matin du 15 mai, la mariée est encore vierge. À leur sortie de l'hôtel, leurs rires sont plus discrets et le soleil se fait presque provocant. Ils rencontrent un vieux cocher qui leur offre de les guider dans la montagne pour cinq dollars.

— Pouvez-vous aussi nous mener à l'oratoire?

— Je vous y conduis pour deux dollars de plus.

Et, ils s'installent, tout enthousiastes, dans la calèche. Il fait un temps superbe, comme tous les jours depuis leur arrivée. Le cocher leur décrit avec verve toute l'histoire des rues du Vieux Montréal, leur donnant l'impression de parcourir des livres d'histoire ou de géographie tant ses termes sont justes et colorés. Ils s'arrêtent au Lac des Castors et prennent une collation au restaurant du chalet de la montagne. Ils se dirigent ensuite vers l'oratoire en longeant le cimetière de la Côte-des-Neiges. Le cocher les taquine sur leurs nuits d'amour et en profite pour leur raconter quelques histoires grivoises à propos du mariage. Henriette camoufle sa gêne sous des éclats de rire nerveux.

Arrivé à l'oratoire, le couple monte les marches à genoux, faisant une prière sur chacune. Henriette adresse une prière particulière à saint Joseph. Elle lui demande de guérir la peur qu'éprouve son mari devant l'acte sexuel et elle lui demande aussi de lui donner le courage d'accepter l'attente avec sérénité.

Même si elle sait son mari très pieux, Henriette est tout de même surprise de voir sa grande dévotion. Elle espère qu'il prie lui aussi pour guérir ses peurs et, en même temps, elle se félicite de son choix. «Désormais, se dit-elle, nous prierons ensemble sans aucune retenue. Nous ne cacherons pas notre foi. Nous serons unis d'esprit autant que de corps.» Du moins, c'est ce qu'elle espère. Si saint Joseph travaille bien, Dorila éprouvera bientôt le besoin de consommer leur union. Elle attend donc avec impatience.

Comme il n'était pas permis, sous peine de péché, d'avoir des relations sexuelles avant le mariage, Henriette avait longtemps retenu ses passions. «Mais maintenant que tout nous est permis... l'ardeur passive, les sentiments retenus depuis si longtemps trouveront-ils enfin leur apaisement? La passion n'est-elle pas la source de tous les plaisirs?» Henriette fait défiler toutes ces questions dans sa tête alors qu'elle gravit les marches de la *Scala sancta*.

Enfin, ils sont agenouillés tous les deux dans l'oratoire. Henriette observe Dorila. Celui-ci, appuyé sur le prie-Dieu, la tête baissée, semble très recueilli. Prie-t-il pour trouver la paix ou pour leur futur ménage? Leurs prières terminées, le couple visite la première chapelle où a vécu le frère André. Quelle simplicité et quel dénuement comparés à l'oratoire!

À la fin de cette épuisante journée, ils reviennent à leur hôtel. Comme chaque soir, Dorila s'assoit dans l'unique fauteuil de la chambre, la tête entre les deux mains. Il reste prostré, indifférent aux avances amoureuses de sa femme. Henriette lui parle doucement.

«J'sais pas c'que j'ai», dit-il. Et il éclate en sanglots.

— Laisse-toi aller.

— J'ai peur, pis j'suis pas capable de bander.

— Prends-moi dans tes bras, serre-moi sur ton cœur, dis-moi que tu m'aimes. Aime-moi, j't'en supplie, aime-moi.

Elle pleure avec lui. Sa course folle vers l'amour n'est pas encore terminée. Pendant toute son enfance, elle a espéré l'amour de sa mère et elle espère maintenant obtenir celui de son mari.

Elle le regarde, assis près d'elle, pleurant doucement. Il paraît tellement malheureux qu'elle croit, elle aussi, au malheur.

Il se lève alors brusquement et quitte la chambre. Lorsqu'il revient, quelques heures plus tard, il sent la bière à plein nez. Faisant semblant de dormir, Henriette se déroule lente-ment et se blottit auprès de celui qu'elle espère encore. Elle peut au moins sentir la chaleur de son corps. Le lendemain, ni l'un ni l'autre ne fait allusion à l'incident.

Deux semaines plus tard, leur voyage de noces terminé, Henriette est toujours aussi vierge qu'elle l'était dans sa robe blanche de mariée. Son corps est tourmenté, son cœur blessé.

Pour cacher sa souffrance, elle raconte avec vivacité tous les détails de leurs visites à travers la ville, ne laissant rien paraître de son trouble, ni à ses amies ni à sa famille. Elle garde dans son cœur son premier secret.

* * * * *

Henriette a sacrifié inutilement sa vocation religieuse pour pouvoir offrir à Dieu le fruit de sa chair, un enfant... son enfant. Elle devra attendre le désir sexuel de son mari. Sa passion ne lui laisse plus aucun repos. Malgré cela, comme elle l'a fait durant toute son enfance, elle se montrera encore bonne et soumise pour mériter d'être aimée.

Depuis leur retour, les deux époux se sont installés dans un petit logement qu'ils avaient choisi ensemble, comme ils l'avaient fait pour les meubles. C'est encore l'après-guerre et c'est avec difficulté qu'ils avaient déniché ce petit trois-pièces au troisième étage d'une maison privée sise au bord du Saguenay, en face de la promenade. C'était en fait un grenier transformé en logement. De la fenêtre de la chambre, on pouvait apercevoir chaque bateau qui remontait jusqu'au port de Chicoutimi, et de l'autre côté de la rivière, cet immense cap qui va se perdre au loin jusqu'à Saint-Fulgence.

Henriette avait nettoyé les murs et les plafonds, elle avait frotté les vitres, posé les rideaux aux fenêtres et placé les meubles avec goût et amour. Chaque geste avait été fait avec minutie. Elle était fière de son logis, car pour la première fois de sa vie, elle possédait quelque chose bien à elle.

Ce petit trois-pièces comprenait deux chambres et une salle de bain, mais une des chambres avait été convertie en cuisine. Un petit mobilier de salle à manger avait été placé le long du mur et un vaisselier se trouvait dans le corridor près de l'escalier intérieur. Une nappe en dentelle recouvrait la table en bois naturel et un plateau ovale rempli de fruits frais rehaussait le tout. Dans le coin opposé, une petite glacière faisait partie de l'aménagement de même qu'une chaise berçante placée au milieu de la pièce et une cuisinière électrique à deux éléments munie d'un petit four. Le tout suffisait pour combler de bonheur nos deux amoureux.

L'autre chambre comprenait un mobilier complet: un lit, une commode, une coiffeuse et deux tables de nuit. Un couvre-lit et une douillette de satin vert recouvraient le lit et la fenêtre était garnie de draperies taillées dans le même tissu. L'eau nécessaire aux repas et à la vaisselle était recueillie dans la salle de bain alors que pour la lessive, Henriette se rendait chez Bernadette, sa belle-mère. Il fallait s'accommoder, car il était difficile de trouver mieux.

Dorila semble plus détendu maintenant. Il a repris son travail et ça le rend plus à l'aise. Le dimanche suivant leur retour, il semble particulièrement heureux, moins sombre que d'habitude. Henriette en profite pour se rapprocher de lui et lui faire quelques caresses. Attiré lentement dans le lit, il se laisse enfin séduire. Ils goûtent ensemble au plaisir de l'échange des baisers. Enlevant un à un leurs vêtements encombrants, ils entremêlent leurs corps tendrement. Leurs gestes langoureux attisent doucement le feu ardent de leur passion. Chaque toucher, chaque caresse leur permettent de découvrir les ultimes trésors cachés dans les entrailles secrètes de leur être. Les gestes sensuels sont donnés et reçus avec chaleur et amour. La relation s'accomplit dans la douceur, comme Henriette l'avait si souvent imaginé. L'apogée du plaisir partagé confirme l'union secrète de leurs corps.

Henriette veut un enfant, elle en veut même plusieurs. Il n'est plus question pour elle de reprendre son travail à l'hôpital de Chicoutimi. Dans les années quarante, les femmes restaient à la maison, attendant la maternité et en faisant leur but. Elles se dévouaient entièrement à leur foyer, à leur famille.

Si son Dieu veut bien qu'elle ait des enfants, son cœur souffrira moins. Elle se sentira moins prisonnière de la froideur et de l'indifférence de son mari. La maternité apaisera sa passion physique et la prière lui apportera la paix du cœur et le réconfort moral.

Henriette prie pour que son gros secret reste enfermé à jamais dans son cœur. Elle le partage seulement avec son Dieu, car c'est toujours à la suite d'une séduction soutenue et subtile qu'elle réussit à attirer Dorila dans les jeux de l'amour.

Dorila travaille pour son père. Ce dernier dirige leur vie comme un chef de clan. Chaque semaine, il donne à chacun, fils et gendre, un maigre salaire. Il surveille également tous leurs achats. Rien ne peut être dépensé sans son consentement. Il a la main haute sur tout et ses enfants se soumettent à ses directives.

Même si Henriette n'a connu que la pauvreté, elle a un tempérament fier, comme son grand-père Audet. Elle déteste ce «tétage», cette façon de quémander pour chaque besoin, comme si on demandait l'aumône. Dorila, au contraire, n'arrête pas de vanter la bonté de son père, surtout lorsqu'il réussit à lui arracher quelques dollars.

— Y'é si bon, dit-il.

— C'é ton argent. Y'a pas d'bonté dans ça.

— T'es pas contente? Y veut nous aider, lui.

— La seule façon d'aider son enfant, c'é d'y montrer comment administrer ses affaires.

— Comment peux-tu chiâler après mon père?

— J'chiâle pas après lui, j'te dis c'que j'pense.

— Ben, t'as besoin d'la fermer devant lui.

— Quand j'aurai un enfant, j'lui apprendrai comment vivre sans téter son père.

— J'tète pas, j'travaille, moi. Pis pâpâ, y'é bon pour nous autres.

— J'ai jamais dit qu'y était pas bon.

De toute façon, elle sait maintenant qu'elle aura un enfant et ça lui suffit pour l'instant. Les vomissements sont fréquents et son corps se déshydrate rapidement. La chaleur de juillet accentue ses malaises. Lorsque le soleil se cache derrière les monts Sainte-Marguerite, elle entreprend régulièrement une petite marche rafraîchissante sur la promenade des amoureux, témoin complice de plusieurs histoires d'amour. L'air pur du Saguenay la fortifie et la brise légère souffle ses détresses par-delà l'univers. Elle refait le plein d'espoir et de courage, de confiance aussi, en son avenir et en celui de l'enfant qu'elle porte.

Pris par son travail, Dorila ne s'aperçoit pas qu'Henriette dépérit. Les femmes de la famille ne cessent de lui répéter que ses malaises ne sont qu'un mauvais moment à passer, toutes sauf Bernadette, sa belle-mère.

— J'te conseille d'aller voir ton médecin. J'aime pas cette pâleur, toi qu'é si enjouée, d'habitude.

— Oui, hein! J'pense que j'vas y aller. Si vous saviez comment j'le veux, cet enfant.

Le médecin consulté hospitalise la future mère pendant dix jours. À sa sortie, elle a les traits tirés, le corps amaigri; elle a peine à retrouver son énergie.

Son corps se languit, son cœur aussi. À mesure que le temps passe, son moral s'effrite. Elle n'arrive même plus à comprendre pourquoi elle cache ses malaises, sa grande faiblesse, sa peur et sa solitude.

Pour combler le vide de son quotidien, elle parle à son mari, même et surtout quand il est absent.

«Écoute-moi, Dorila, j'veux t'parler. J'veux te dire que j'aime déjà l'enfant que je porte. Ce qui me manque, c'est ton amour, ta tendresse. Mon corps crie, il veut goûter ta chaleur. Viens, viens vers moi. Tu verras, le rapprochement charnel décuplera ton amour. Ton corps accomplira avec plus de désir ce qui te paraît trop lourd. Et le travail devient plaisir lorsqu'il s'accomplit dans le plaisir amoureux et qu'il se termine dans un rêve assouvi.»

Mais Dorila a encore peur de l'amour. Il cache sa peur dans le travail. Et impossible d'aborder le sujet. Il l'évite systématiquement.

Ce n'est qu'à force de patience qu'Henriette réussit à lui arracher quelques confidences.

— J'ai peur de faire l'amour. J'trouve qu'on jouit trop.

— Mais pourquoi?

— Dieu!... Dieu, il nous voit pis j'pense qu'on n'a pas l'droit de jouir comme ça.

— Mais c'est permis quand on est marié. Dieu nous aime quand on est heureux.

Le dimanche est le seul jour dont elle peut profiter pour le détendre et le séduire. Lentement, elle l'attire dans le lit. Une fois étendus, ni l'un ni l'autre n'ose prendre l'initiative des caresses, car chacun craint de blesser l'autre. Souvent, après de longs moments, ils sont encore étendus dans un lourd silence. C'est toujours Henriette qui tente un baiser ou une étreinte. Dorila la serre alors très fort dans ses bras et ses mains parcourent sans retenue le corps de sa femme. Tendrement, doucement, elle se blottit contre lui. «Pas trop vite!» songe-t-elle. Elle ne veut pas l'apeurer. Elle lui prend la tête dans ses mains et la couvre de baisers. Dorila répond à son tour en caressant ses seins déjà gonflés par le désir. Les reins cambrés, Henriette se laisse aller sans résistance. Sa bouche laisse échapper une plainte invitante. Tout son être est traversé par un ardent désir qui vient humecter son sexe. Enchaînés l'un à l'autre, les deux corps roulent et se déroulent. Henriette se laisse bercer, elle ne s'appartient plus. Dorila la soulève et la pénètre, enfin. Dans une passion délirante, les deux corps se soudent. Lentement, passionnément, ils glissent ensemble dans un inlassable vertige, profitant pleinement du plaisir qui s'offre à eux.

Étendus sur le lit, ils ne trouvent pas de mots pour exprimer leur bonheur. Le silence est retombé et Henriette savoure son exaltation. Son corps tremble encore, ivre d'amour, grisé de plaisir. Elle reste là sans bouger pour ne pas briser le charme.

Hier, elle trouvait le mariage fade, ennuyant, décevant même. Elle doutait de l'amour de son mari. En quelques minutes, voilà que tout est transformé.

Elle se lève finalement et se dirige vers la cuisine pour préparer le repas. Dorila s'est endormi. Elle s'approche du lit et le réveille en lui caressant le visage.

«Viens prendre un bon repas si tu veux que la prochaine fois ne nous mène pas trop loin.»

Elle n'a pas sitôt terminé sa phrase qu'elle la regrette déjà. Dorila pâlit et redevient sombre. Elle s'assoit près de lui pour le rassurer, mais c'est trop tard, le charme est rompu.

Chapitre 3

La fausse-couche

Henriette est couchée au mitan du lit, torturée par la douleur qui lui tranche le ventre. Frappée durement par une douleur violente, elle ressent son mal comme un coup du sort et se met à pleurer. Dorila est envahi par l'émotion et la peur. Désemparé, il part à la course chez son père pour téléphoner au docteur.

«Il est à l'hôpital, dit son épouse. Dites à Henriette que dès qu'il reviendra, il se rendra auprès d'elle.»

Dorila revient auprès de sa femme aussi vite qu'il est parti. Bernadette arrive peu de temps après, suivie de Florentine, la mère d'Henriette. Dorila avait ameuté tout le quartier. Mais, lorsque le docteur se présente à son tour, tout s'est calmé, les douleurs au ventre et le filet de sang aussi. Avec tout l'attroupement qui se trouvait dans la chambre, il ne pouvait faire autrement que de partir, ne faisant qu'une seule recommandation: le repos au lit pour trois jours.

Les jours qui suivirent ramenèrent à tour de rôle mère et belle-mère auprès de la malade, chacune racontant ses boniments sur ses accouchements et ses petits bobos passés. Elles revinrent autant de fois qu'elles le purent.

Henriette se remet rapidement ou, du moins, elle ne se plaint pas. Ses trois jours de repos passés, elle reprend ses travaux quotidiens et commence à confectionner à la main quelques morceaux de layette. Elle avait cru qu'elle perdrait son bébé, mais elle est rassurée maintenant.

«Ce ne fut qu'un mauvais présage, pense-t-elle. L'enfant sera mon espoir, mon amour, ma satisfaction. Je le retiendrai dans mon ventre jusqu'à ce qu'il soit rendu à terme.»

Mais, dans la pénombre de la nuit suivante, Henriette sent les douleurs de l'enfantement. Elle n'a plus aucun doute. Son enfant la quitte, il lui échappe. Quelques jours auparavant, elle avait pensé pouvoir le retenir, mais plus maintenant.

«Mon Dieu, si je suis impuissante à mettre un enfant au monde, venez me chercher. La mort me sera plus douce que la stérilité. Mon Dieu, que votre volonté soit faite. Ainsi soit-il.»

Voyant sa femme se vider de son sang, Dorila va chercher l'automobile de son père pour la reconduire à l'hôpital. On la place dans le service où elle travaillait avant son mariage. Sœur Saint-Calixte est présente et elle la soutient dans toutes ses souffrances. Le docteur n'est pas long à arriver. Avant d'examiner Henriette, il lui administre une piqûre de morphine pour calmer la douleur. La jeune femme sombre lentement dans un état de calme et de bien-être. La religieuse quitte rapidement la chambre et revient un peu plus tard avec de la gaze stérile. Elle enlève les couvertures et en retire un petit morceau de chair d'environ deux pouces de longueur.

«Regarde Henriette, c'est ton enfant.»

Henriette tend une main mollasse, sans énergie, et regarde du mieux qu'elle peut. Malgré sa petitesse, son corps à peine esquissé, ce petit paquet de chair possède déjà toutes ses formes. La tête est là, à demi formée, avec un trou noir derrière.

«Regarde, dit sœur Saint-Calixte, c'est ça qui l'a tué, ce trou noirâtre.»

Henriette pleure doucement.

Le médecin examine à son tour le petit corps filiforme.

«Il est mort depuis au moins deux ou trois semaines. Lorsque je suis allé chez toi à la première menace d'avortement, je n'ai pas entendu le cœur de ton bébé. Il me fallait attendre que la nature le rejette avant de faire quoi que ce soit.»

Dorila réconforte Henriette du mieux qu'il peut. Elle a perdu beaucoup de sang et la piqûre calmante la fait vomir. Elle est à peine consciente de ce qui se passe. Dorila approche une chaise et s'assoit, ses deux bras posés sur le bord du lit et il y laisse tomber sa tête. Henriette pose faiblement sa main sur la nuque de son mari et, ensemble, ils pleurent un bon coup. Puis, on vient la chercher.

Elle n'entend que le bruit de la civière qui roule dans le grand corridor, puis celui de l'ascenseur; ensuite, c'est la salle d'opération où tout le personnel médical l'attend. Tout bascule soudain, c'est le néant.

Lorsqu'elle revient à elle, la chambre est plongée dans la pénombre. Dorila est toujours auprès d'elle.

— T'es encore là? Va te reposer. J'sus bien maintenant.

— Ah non! J'reste avec toé, j'ai eu assez peur de t'perdre.

— J'sus dépassée par tout ce qui m'arrive.

— Moé aussi, j'aurais jamais cru ça, toé si forte et en si bonne santé.

Henriette se juge impardonnable, coupable même d'avoir perdu son enfant. Devant ce gâchis, les réflexions se bousculent dans sa tête.

«Serait-ce que mon corps est moins sain que j'ai pu le penser? La maladie n'est-elle pas un signe de faiblesse?»

Depuis ce matin, on a fait cent fois le tour de son corps. On lui a posé des dizaines de questions sur sa santé pour en venir à la conclusion qu'elle était anémique.

Le matin du troisième jour, sœur Saint–Calixte apporte une bouteille de sang. Dorila est présent, car on lui a demandé de rester auprès de sa femme pendant la transfusion. Plusieurs membres des deux familles étaient venus au préalable donner de leur sang.

— Prévenez-moi si toutefois il y avait quelque chose d'anormal, lui dit la religieuse en sortant.

— Oui, ma sœur.

Dorila s'assoit tranquillement dans le fauteuil, sort son chapelet et prie.

«Il faut que j'prenne mon mal en patience. J'en ai pour plusieurs heures.»

La malade ferme les yeux et prie avec lui. Soudain, un grand frisson parcourt son corps.

«Dorila, va chercher sœur Saint-Calixte. Dis-lui que j'sus gelée.»

La religieuse revient rapidement avec une couverture chaude. Elle la pose sur la malade et l'entoure d'affection.

— Voyons, Henriette! Il faut que tu prennes ce sang. Ton corps en a besoin. Seul le sang peut te sauver.

— Ben voyons, ma sœur, vous m'connaissez, j'ai jamais été malade.

— Oui!... Oui! Je l'sais... Mais maintenant, tu es malade.

La religieuse prend ses mains et les tapote vigoureusement pour les réchauffer. Mais le corps d'Henriette tremble tellement que les dents lui claquent dans la bouche.

«Venez m'aider, dit la religieuse à Dorila. Couchez-vous de ce côté et moi je me coucherai de l'autre. On va la réchauffer.»

Mais Henriette tremble si fort que son corps les repousse tous les deux.

«Dorila, allez chercher du secours.»

Presque aussitôt, deux infirmières entrent en courant dans la chambre. L'une d'elles prend la tension de la malade pendant que l'autre place des bouillottes et des sacs d'eau chaude autour d'elle. Quand l'infirmière reprend la tension, elle s'aperçoit que la patiente râle. Elle crie alors:

«Demandez un médecin d'urgence. Vite! Sœur Saint-Calixte, arrachez l'aiguille. Elle se meurt, tension 80/60.»

La religieuse pince aussitôt le tube et retire vivement l'aiguille. Le docteur Guimond arrive en courant. Il fait rapidement une autre piqûre de morphine, secoue la tête, vérifie la tension sans arrêt, ausculte partout.

«C'est une hémorragie. Vite! Allez me chercher des pansements!»

D'un geste vif, il enlève son veston et saute à pieds joints sur le pied du lit. Il s'agenouille et il se met à remplir de pansements le corps d'Henriette.

«La tension baisse encore», dit l'infirmière.

Désespéré, le docteur donne une tape sur la cuisse d'Henriette tout en lui criant:

«Lâche pas, Henriette! Lâche pas, aide-toi.»

Dorila, impuissant face à tout ce qui se passe, crie à son tour:

«Non!... Non!... J'veux pas. Mon Dieu, laissez-moé ma femme, j'veux pas qu'a meure.»

Pendant qu'on s'affaire autour d'elle pour lui sauver la vie, Henriette ne réalise pas vraiment ce qui lui arrive. C'est comme si tout se déroulait en dehors d'elle, dans un autre corps.

Vidée, sans forces, comme le boxeur étendu *knock-out* sur le *ring*, elle ne réalise pas que c'est elle la malade. Étourdie par les calmants, elle ne peut ni agir ni réagir. Elle essaie de parler, mais le docteur lui fait signe de se taire.

«Chut!... Tais-toi et garde tes forces.»

Sœur Saint-Calixte ne l'a pas quittée de la journée et Bernadette arrive dans la soirée pour prendre la relève de son fils.

«Va te reposer, j'resterai pour passer la nuit avec elle.»

«Donc, c'est la nuit», réalise Henriette. L'infirmière vient lui faire sa piqûre de pénicilline et change le soluté. Puis, le docteur revient et examine attentivement les lèvres et les ongles de la malade.

«Elle va mieux maintenant», dit-il.

Mais, en sortant de la chambre, Henriette l'entend dire à Dorila:

— J'peux pas dire qu'elle est sauvée, mais elle va mieux, pour le moment. S'il y a quelque changement, je te téléphone.

— J'ai pas l'téléphone, docteur. Appelez-moé chez mon père, j'irai coucher là.

En tout cas, le danger immédiat est écarté. Les deux familles s'entendent pour qu'il y ait toujours quelqu'un auprès de la malade. La fièvre fait ses ravages depuis plus de cinq jours maintenant. Pourtant, avec la pénicilline aux trois heures, elle aurait dû diminuer.

Le soir du cinquième jour, lorsque sœur Marie-du-Précieux-Sang vient prendre de ses nouvelles, Henriette se plaint de maux de ventre.

Sœur Marie-du-Précieux-Sang est une religieuse d'allure sévère. Elle cause rarement avec les patients, et encore moins avec les employés. Par ailleurs, elle est reconnue pour son professionnalisme. Ce qu'elle a à faire, elle le fait toujours bien. Même si Henriette lui préfère sœur Saint-Calixte, plus chaleureuse et plus compatissante, elle sait bien que si quelque chose ne va pas, sœur Marie-du-Précieux-Sang sera à la hauteur de sa réputation. Mais, c'est avec retenue qu'elle se plaint, car elle craint que la religieuse ne la considère comme la fille gâtée de sœur Saint-Calixte.

La religieuse sort de la chambre et revient avec l'appareil pour mesurer la tension et un thermomètre. Elle regarde la malade d'un air surpris et inquiet.

— Si tu veux, Henriette, j'vais demander à l'aumônier Charles-Eugène Fortin de venir prier avec toi.

— Oui... Oui..., dit Henriette, le souffle entrecoupé. S'il vous plaît, qu'il vienne me bénir.

Tout se passe tellement vite qu'elle peut à peine interpréter les mouvements et les gestes. L'aumônier arrive avec le saint viatique. Il a déjà son étole autour du cou. Il prend doucement la main de la jeune femme.

«Je vais te confesser, Henriette. Si tu veux dire oui, tu me serres la main, si c'est non, ne fais rien.»

Sœur Marie-du-Précieux-Sang revient avec la petite nappe blanche et le crucifix. Elle allume les deux cierges symbolisant la lumière. Après la confession, l'aumônier sort l'huile du saint viatique. Henriette étouffe littéralement à chaque respiration. Le docteur arrive à son tour. Désemparé, il fait appel au docteur Lou, un médecin chinois qui fait partie de la nouvelle génération des médecins universitaires.

Dorila et sa famille arrivent, eux aussi, suivis de la famille d'Henriette: sa mère, Florentine et ses frères et sœurs, Élie, Luce, Hélène, Alfred, Gertrude, Adélard, Georgiana, Raoul et Roméo. Le père est resté à la maison avec la petite Noémie.

L'aumônier qui, quatre mois auparavant, bénissait le mariage d'Henriette, se prépare maintenant à lui administrer les derniers sacrements. D'un geste collectif, tous se mettent à genoux. Les deux médecins se placent un peu à l'écart et participent eux aussi aux prières. Dorila, Bernadette et Albert pleurent. Florentine aussi. Les autres ignorent ce qui se passe au juste. Pendant que l'aumônier trace avec l'huile sainte le signe de la croix sur le front de la mourante, il dit:

— Henriette Tremblay, es-tu prête à mourir?

— Oui... il y a longtemps que... je veux mourir. Je veux... aller... mon... Dieu... au ciel... el... el... el...

Le prêtre continue les onctions en traçant une croix sur les cinq sens. Henriette réalise que sa vie a été très courte et que la mort est bien douce, beaucoup plus que la vie. Elle entend les prières et regarde toute sa famille réunie.

«Docteur, dit-elle, est-ce que j'vais mourir?»

Le docteur lui fait le signe de la tête que oui.

«Je suis heureuse. Je suis prête.»

Après la cérémonie, chacun des membres des deux familles vient l'embrasser avant de se retirer tristement. Florentine s'approche du lit à son tour et elle dit:

«Regarde ton mari, comme il fait pitié! Meurs pas, reste avec lui.»

Un pneumologue arrive avec l'appareil à rayons X roulant pour radiographier les poumons. Mais les radios ne révèlent aucune anomalie de ce côté. Un chirurgien est demandé: c'est le docteur Émile Simard. Il trouve risqué et dangereux de faire la grande opération.

«Il y a une infection, c'est certain, mais on ne sait pas où.»

On installe la tente à oxygène pour faciliter la respiration de la malade. Pendant que les docteurs se consultent et cherchent la cause de sa maladie, Henriette regarde pleurer Dorila de même que son beau-père Albert et sa belle-mère Bernadette. Elle est incapable de parler, mais elle voudrait leur dire:

«Arrêtez!... Arrêtez!... Ne pleurez pas. Si vous saviez comme il est doux de mourir! Je vais enfin être délivrée. Quel soulagement ce sera pour moi! La fin du malheur, des tourments.»

Mais les médecins n'abandonnent pas. Ils continuent d'ausculter, de chercher. Le docteur Émile Simard pose une main sur l'abdomen d'Henriette et l'autre derrière, sous le rein, puis il fait une pression. Henriette grimace et laisse échapper une plainte.

«Eurêka! j'ai trouvé! Ce sont les reins. J'appelle le docteur Louis-Philippe, un urologue. Il pourra mieux que moi trouver le remède.»

Les cinq médecins sont dans le corridor en train de se consulter. Avec la pénicilline qu'Henriette a reçue, cela aurait dû être suffisant pour enrayer l'infection. Mais, bien au contraire, celle-ci continue ses ravages.

L'urologue cause longuement avec ses confrères, puis il vient près du lit et examine la malade. Il retourne ensuite vers ses collègues, essayant d'en apprendre un peu plus sur l'état de la malade. Un dernier examen d'urine confirme une polynévrite rénale.

«C'est l'infection de ton rein qui a causé la mort du bébé, dit-il à Henriette. Du moins, on l'espère, sinon... Et maintenant, on doit essayer d'obtenir le nouveau médicament qui vient d'être mis sur le marché. Nous téléphonons à Ottawa pour nous le procurer.»

Dorila et son père sont consultés pour savoir s'ils acceptent de défrayer les coûts du médicament. Le beau-père d'Henriette se porte garant. Il paiera à la livraison du médicament six cents piastres pour un traitement de trois jours.

«Il n'y a pas de prix qui compte. Sauvez ma bru, nous paierons.»

Il est minuit. Il faut faire vite. Après plusieurs appels téléphoniques et divers pour-parlers, un avion militaire part de la base de Bagotville pour aller à Ottawa à la recherche du nouveau médicament, la streptomycine. Aucun médecin de l'Hôtel-Dieu de Chicoutimi n'a encore expérimenté cet antibiotique, mais, pour le jeune docteur Simard, c'est un remède miracle contre l'infection. Il est trois heures du matin quand les docteurs Simard et Guimond entrent dans la chambre.

Dans quelques jours, Henriette aura vingt ans. Malgré sa jeunesse, elle voit la mort comme une délivrance et voudrait qu'on la laisse mourir en paix. Lorsque les médecins préparent leurs seringues, une de pénicilline et l'autre de streptomycine, elle puise tout ce qui lui reste d'énergie pour leur dire:

— Laissez-moi mourir, ça m'est égal. Je suis prête.

— Avec ce médicament, dit le docteur Louis-Philippe Simard, nous allons te sauver.

— Mais... Mais...

Et en moins de deux, les deux énormes aiguilles pénètrent dans sa fesse. Dorila et son père attendent dans le petit salon de l'étage pour connaître le résultat. Si le corps réagit bien au médicament, on pourra la sauver.

Tout le temps que dure leur attente, les deux hommes restent prostrés, faisant des prières, entrecoupées de sanglots. La malade a reçu un autre calmant et elle repose maintenant sur le lit, le visage blafard, les mains décharnées. Seuls ses cheveux bruns font contrastent avec les draps blancs.

Un peu plus tard, Bernadette vient remplacer les deux hommes. Elle s'installe dans le grand fauteuil et, à son tour, se met à prier. Personne ne veut voir mourir la jeune femme. Luce, Hélène et Élie viendront aussi, chacun leur tour.

Deux jours plus tard, la fièvre commence à baisser. Les docteurs annoncent qu'Henriette est sauvée. Aucune intervention chirurgicale n'aura donc lieu.

Deux semaines plus tard, Henriette rentre chez elle, pâle, maigre et affaiblie. Mais elle est vivante.

Chapitre 4

La petite cinq mille piastres

À Rivière-du-Moulin, un petit village en banlieue de Chicoutimi, tout le monde se connaît. Tous ont appris les détails de la maladie d'Henriette. Dorila raconte à qui veut l'entendre ce qu'il a souffert et il n'oublie jamais de mentionner que «ça a coûté une fortune». Les beaux-parents en font autant. Il est vrai que rien n'a été épargné. Mais c'est tout de même lui qui passe pour un héros. Même Florentine s'en mêle.

«Ma fille a beaucoup de chance. Elle a l'amour, la fortune, un bon mari, etc.»

Florentine ignore cependant que sa fille est privée autant d'argent que d'affection. Depuis la sortie de sa femme de l'hôpital, il arrive souvent que Dorila ne reçoive pas son maigre salaire de la semaine.

Albert Brassard gère toujours d'une main de fer l'entreprise familiale. Ses deux fils, Dorila et Gilles de même que son gendre François y travaillent. L'argent gagné est redistribué au compte-gouttes. On présente l'image de gens riches, mais on vit dans la pauvreté.

— Ça m'fâche quand j'ai pas d'salaire mais pâpâ a été si bon quand t'as été malade.

— Pas besoin d'me l'répéter tout l'temps. Je l'sais. Ça m'fait assez mal comme ça.

Soit par ignorance, soit par méchanceté, Dorila enfonce toujours un peu plus profondément le clou de la culpabilité dans l'esprit de sa femme. Et à l'humiliation quotidienne vient s'ajouter l'angoisse. Même si le docteur lui a certifié que sa fausse-couche ne l'avait pas rendue stérile, Henriette a ses doutes. Sait-on jamais?...

Nous sommes en septembre. Le soleil d'automne jette ses froids rayons sur la rivière Saguenay. Assise sur un banc de la promenade des amoureux, Henriette fixe sans les voir le flux et le reflux des vagues s'acharnant inlassablement contre le mur de pierres.

«Si la fausse-couche m'a rendue stérile, si je ne peux pas avoir d'enfants, Dorila ne m'aimera plus. Il est déjà si froid, si indifférent... Sera-t-il encore plus lointain?»

Sous prétexte qu'elle ne doit pas se retrouver «en famille» tout de suite, Dorila lui refuse toute relation sexuelle, même qu'il pousse le sacrifice jusqu'à la chasteté complète.

Henriette est toujours absorbée par le mouvement des vagues. Elle se parle toute seule:

«Pourtant, si mon mari me désirait, je ne dirais pas non.»

Sa passion et son désir sexuels sont toujours présents, obsédants. Elle frissonne. À cause de la froideur de son mari, sans doute. Veut-il vraiment un enfant?... Personne ne peut en douter. L'aîné d'une famille doit avoir un fils héritier. La femme de Gilles attend déjà son premier enfant. S'il fallait que ce soit un garçon, ça leur donnerait du prestige.

Henriette se promène maintenant, songeuse et triste. Elle prie son Dieu en silence en se dirigeant lentement vers la maison de Florentine. Son cœur est à la confidence.

— Môman, est-ce que vous aimez les enfants?

— Oui, j'pense. Mais j'en ai trop eu.

— C'est lequel qui é de trop?

— Ben voyons, j'le sais pas, j'les ai astheure.

— Moé, môman, si y fallait que j'en aie pas...

Florentine regarde sa fille d'un air presque moqueur.

«Ben sûr, moé, j'en ai trop eu. Mé pas pantoute, ... là...»

Elle ne termine pas sa phrase et leur conversation tombe à plat, aussi plate que le caillou arrivé au fond de l'eau. Henriette n'est pas satisfaite des réponses de sa mère. Elle se risque donc du côté de sa belle-mère.

— Dites-moé, Madame Brassard, avez-vous eu peur de pus avoir d'enfants quand vot'premier est mort à naissance?

— Oui, un peu. Mais j'savais qu'j'en aurais d'autres.

— Vous vouliez en avoir, des enfants?

— Ah! Ben oui. Pis j'étais vieille, c'était risqué. Mais tu vois, j'en ai eu quatre.

— Pis vous êtes contente?

— Oui. Pis toé aussi t'en auras ben d'autres.

— J'ai tellement peur de pus en avoir.

— Bah! T'es ben jeune, tu vas voir, ça va s'arranger.

Henriette repart à peine moins troublée. Elle arrête tout de même à l'église pour prier.

Le dimanche suivant, Henriette et Dorila se retrouvent. Amoureusement, elle offre son corps et ils goûtent ensemble le plaisir de leur tendre union en se laissant emporter dans un enivrant tourbillon d'amour.

Quelques semaines plus tard, Henriette constate avec joie qu'elle est de nouveau enceinte. Cette fois-ci, sur les recommandations de son médecin, elle ira chaque mois recevoir du sérum pour éviter une nouvelle infection.

La famille d'Henriette habite, comme nous l'avons dit, une grande maison ancestrale. Isidore, son père, en avait marchandé le prix de location au propriétaire, le député Dubuc. Celui-ci avait accepté son offre, moyennant quelques réparations. C'est une maison de vingt pièces. En plus de la famille Tremblay, deux couples en partagent une autre partie, mais les pièces ne sont pas toutes occupées. Avec le revenu que lui procurent les locations, Isidore a pu réparer la grande galerie du côté de la rivière Saguenay et refaire le toit. Il a aussi démoli le vieux garage décrépit.

Pendant qu'Henriette se trouve à l'hôpital pour ses traitements, Dorila décide de prendre entente avec ses beaux-parents pour venir habiter avec eux pendant la grossesse de sa femme.

«Nous pourrions payer une pension et manger à la même table que vous autres. On prendrait la grande chambre, pis on pourrait entreposer nos meubles dans une autre pièce. Pis ça m'enlèverait de l'inquiétude», ajoute Dorila.

Florentine accepte et convient du prix. Même si Henriette est réticente, on ne lui laisse pas le choix. Le couple s'installe aussitôt en pension. Tous les sacrifices seront faits pour amener cet enfant à terme.

Florentine avait, elle aussi, été malade au cours de l'été précédent et, à présent, elle n'en mène pas large. C'est donc Luce qui a pris la maison en charge alors qu'Hélène travaille à l'épicerie et Élie à l'usine.

Élise attend son troisième enfant. Alfred, Gertrude, Adélard, Georgiana, Raoul et Roméo vont à l'école et Noémie, le bébé, a deux ans. L'hiver se déroule comme une bobine de fil et la grossesse d'Henriette se poursuit au milieu des espoirs, des jalousies et des chicanes. Elle se préoccupe de son bébé et laisse les factures à

Dorila, à Albert et à Bernadette. Les soins coûtent cher et les occasions de se plaindre de ces coûts ne manquent pas. La future mère refoule sa culpabilité.

«Ils ont beau se plaindre, j'm'en fous pourvu que j'aie mon enfant.»

Dorila, de son côté, ne manque jamais une occasion de gâter Florentine. Et comme si ça ne suffisait pas, il a pris l'habitude, toujours pour de bonnes raisons, d'aller finir ses journées à la taverne.

Au cours de l'hiver, la femme de Gilles accouche d'une fille. Puis, fin juin, Henriette met à son tour au monde une autre fille qu'on baptise du prénom de Laurence. Pour le couple, c'est l'apogée du bonheur.

— Regarde comme elle est belle!

— Je suis heureux, je t'aime.

— Je t'aime aussi, je suis heureuse.

— Maintenant, notre bonheur est à son comble.

— Que peut-on demander de plus à Dieu?

Ils se regardent tendrement, convaincus qu'ils ont inventé le bonheur et la vie. Henriette voudrait que le temps s'arrête. Quel miracle, quelle pureté! Elle souhaite désormais consacrer tout son temps au petit être qui lui est confié. Chaque mouvement, chaque geste qu'elle fera constituera une élévation spirituelle vers son Dieu. Pour la jeune mère, la vie est un don du ciel. Chaque instant qu'elle vivra deviendra un hymne à l'amour en direction de son Créateur.

«Je te promets, ô mon Dieu, que je ferai tout pour que ce petit être reste sain de corps et d'esprit. Je l'élèverai et le formerai dans ton amour.

»Mon enfant, que de nuits blanches j'ai passées à rêver avant ta naissance. Mais au seuil de ta vie, tout t'est permis. Aujourd'hui, tu m'as comblée et je te remercie d'être là pour la vie.»

Tenir l'enfant dans ses bras, le presser contre soi, le sentir hors de soi, mais si près de soi, le nourrir, l'allaiter, quel bonheur! «Je voudrais que le temps s'arrête, pense Henriette, car ce sont les meilleurs moments que je vis.» L'enfant est enfin là, dans ses bras, un petit être de chair, de «sa» chair, celui qu'elle a tant désiré.

* * * * *

Une année s'est écoulée depuis le mariage d'Henriette et de Dorila. La jeune femme se languit d'amour alors que son mari se noie toujours dans le travail et souvent dans l'alcool. Aucune stratégie ne vient à bout de sa froideur. Il ne reste plus à Henriette qu'à puiser dans son cœur les forces nécessaires pour mener à bien une vie en apparence saine et harmonieuse.

Son quotidien est relativement simple. Elle a observé sa mère tellement longtemps pendant qu'elle était jeune que l'entretien d'une maison ne lui pose aucun problème. Le soin d'un enfant non plus.

Le dimanche devient pour elle une occasion de défi, celui de séduire son mari. Heureusement pour elle qu'il y a les dimanches! En ces jours bénis, le travail est interdit et considéré comme un péché, et Dorila est un homme pieux qui craint Dieu et le péché. Henriette en profite donc pour l'attirer dans l'alcôve.

— T'as donc d'la misère à t'abandonner!

— C'est parce que j'ai trop de tracas.

— Y faut penser à rien pour bien faire l'amour.

— Pour moé, c'é impossible.

— Tu t'refuses quelqu'chose de ben beau.

— Mais c'é plus fort que moé. Une aut'fois, pas aujourd'hui.

Un autre dimanche de perdu! Une autre semaine devant elle pour ressasser sa déception. Sa vie quotidienne se transforme en cas de conscience. Elle revoit les images de son enfance. Pendant toutes ces années passées à la maison, elle n'a pas réussi à se faire aimer de sa mère. Et voilà que les échecs émotionnels de sa vie de couple viennent s'ajouter à ceux de son enfance sans qu'elle puisse rien y changer.

Avant leur mariage, Dorila lui avait fait miroiter la vie facile, l'argent. Encouragée par sa mère, Henriette avait pensé alors pouvoir s'éloigner de la misère, mais elle réalise aujourd'hui que l'argent n'était qu'un mirage. Il y a même des fins de semaine où il faut demander crédit à l'épicier. Leur pauvreté n'est pas apparente comme chez les Tremblay, mais combien plus douloureuse! Car il faut présenter l'image de la richesse et c'est cette hypocrisie qui blesse Henriette: vivre dans le mensonge sans rien laisser paraître.

— Chez nous, on était pauvre mais pas menteur.

— Y faut sauver les apparences, répond Dorila.

— Mé ça pas d'bon sens.

— Bon sens ou pas, c'é comme ça.

— J'pense que ton père profite de vous autres.

Dorila devient menaçant quand on attaque son père.

«T'as besoin d'pas dire c'que tu penses à pâpâ. Y faut s'taire pis rien dire, c'é tout.»

Henriette a besoin d'un carrosse pour la petite, mais comment abordera-t-elle le sujet? Quel procédé prendra-t-elle pour l'obtenir? Il lui faudra d'abord en parler à Dorila, puis celui-ci en parlera à son père.

Souvent, pour ne pas dire la plupart du temps, c'est Bernadette qui tranche la question. Elle exerce une grande influence sur son mari et Henriette l'a vite compris. Elle passe donc souvent directement par elle quand elle a quelque chose à quêter.

Bernadette n'est guère appréciée des enfants d'Albert, pas plus que du reste de la famille. Une belle-mère, c'est souvent mal jugé et Bernadette n'échappe pas à cette règle. Pourtant, elle a eu la générosité d'adopter et d'élever ces enfants en se mariant avec leur père, devenu veuf à vingt-sept ans avec quatre enfants. Et c'est pour cela, à cause de ce geste de générosité, qu'Henriette la considère beaucoup.

Dans l'affaire du carrosse, Bernadette a vite deviné le besoin parce qu'elle a déjà vu sa bru arriver chez elle avec le bébé dans ses bras. Une semaine plus tard, Dorila a l'argent pour le carrosse.

— Pâpâ est si bon.

— Ben voyons c'ton argent.

— J'sais ben, mé essaye donc d'être bonne pour pâpâ.

— Mé c'é pas normal qu'on soit obligé de quémander. C'é toé qui travailles pour gagner c't'argent-là.

— Tais-toé. T'as pas un mot à dire. C't'enfant-là a coûté cinq mille piastres.

— Penses-tu qu'je l'sais pas? Ton père arrête pas de l'dire. J'peux pas l'oublier. Chaque fois qu'y prend la p'tite dans ses bras, y la r'garde en disant: «Bonjour, ma p'tite cinq mille piastres.» Penses-tu qu'ça fait pas mal d'entendre toujours dire ça?

— Quand on a rien qu'ça à endurer.

— Ben moé, j'me sens toujours coupable d'avoir eu c't'enfant-là.

Henriette voudrait bien arriver à rembourser son beau-père. Peut-être un jour. Elle étouffe sa culpabilité pour ne pas provoquer de chicanes. Pourtant, elle ne peut s'empêcher de se dire qu'en se mariant, elle a quitté un purgatoire pour un enfer.

Chapitre 5

La jalousie

Le dimanche suivant, Dorila et Henriette vont faire une petite marche jusque chez les grands-parents Brassard, avec la petite Laurence dans son nouveau carrosse. Dorila ne manque pas d'avertir sa femme à propos de l'attitude à prendre.

«Fais bien attention à ce que tu vas dire à pâpâ. Tu sais que c'é lui qui a donné l'argent pour le carrosse.»

Et il pointe le doigt vers elle, la menaçant presque. Résignée, Henriette hausse les épaules. Bien paraître est la seule valeur importante pour lui, même si bien souvent il faut mentir pour ce faire.

Des années avant leur mariage, Dorila avait observé ce qui se passait dans la famille de sa femme. Pour avoir «pacagé» si longtemps dans la maison de ses beaux-parents, il sait que ce fut souvent difficile pour elle. Il a vu et revu les chicanes, la violence; il est au courant des drames qui s'y sont déroulés.

«Ça fait tellement longtemps que j'te connais! J'sais que j'peux compter sur ta loyauté et ta fidélité en tout temps.»

Surprise, Henriette ne répond pas, mais elle se pose une question: «Dorila se servirait-il de ses souvenirs dramatiques pour mieux la manipuler?»

— Tu l'sais bien que j'ferais n'importe quoi pour protéger ma famille de la misère pis des chicanes.

— Ben oui, je l'sais.

Voulant rester dans les bonnes grâces de la famille, Henriette préfère temporiser et laisser porter plutôt que de laisser les événements venir briser leur bonheur apparent. «Tout l'monde le dit: Dorila et Henriette sont heureux.» Et pour ce bonheur de façade, elle renonce à sa liberté, à son honnêteté, à son état de grâce même. Désormais, elle ne parlera de sa liberté perdue et de son bonheur fragile qu'avec Dorila, même si celui-ci se sent attaqué quand elle aborde le sujet. Il est alors à court d'idées ou d'arguments et, le plus souvent, il se replie sur lui-même, demeurant sombre et prostré pendant des jours et même des semaines. Quand les événements ne vont pas à son goût, il boude jusqu'à ce que Henriette se sente coupable d'avoir abordé la question. À la moindre contrariété qui survient, elle rejette sur elle tout le blâme.

Elle savait Dorila boudeur mais, comme bien d'autres femmes, elle croyait que le mariage le guérirait.

* * * * *

Cependant, après quelques mois de vie commune, le miracle ne s'était pas accompli. Henriette l'avait réalisé trop tard alors qu'elle était déjà prise au piège du mariage. Une fille comme Henriette ne part pas. Elle reste, elle souffre et elle endure.

Son mari est un homme inquiet et troublé. Sa plus grande préoccupation, et la seule, est l'argent. Il est même tourmenté à l'idée que quelqu'un en possède plus que lui, allant jusqu'à jalouser son frère et son beau-frère qui travaillent avec lui. Il s'en plaint souvent.

— J'me d'mande si y en a qui font plus d'argent que nous.

— J'sais pas, moi, chez nous on n'en avait pas d'argent. On passait not'temps à s'chicaner. Mais l'argent des autres, ça nous était ben égal.

— Oui, mé c'é important d'savoir c'qui s'passe ailleurs.

— Pour moi, l'important, c'est de mener une bonne vie, pis d'être heureux ensemble. Le reste, j'men fous.

— Tu peux pas t'en foutre, si moé j'sus pas heureux.

— Qu'est-ce que tu veux, au juste?

— J'voudrais être tout seul dans la compagnie avec pâpâ.

— Pis ton frère et ton beau-frère, pis ta sœur?

— Elle, j'm'en sacre, j'aime mieux pas la voir.

— Ben voyons donc! Parle pas d'même.

Henriette s'approche de son mari. Tendrement, elle lui prend les mains et lui parle doucement pour lui faire oublier ses sentiments hostiles.

«Viens, il faut prier.»

Dorila baisse la tête; il est triste et ne répond pas.

«Tu sais, Dieu nous aime dans la mesure où nous nous aimons.»

Henriette essaye de toucher le cœur de son mari. Lorsqu'elle prononce le nom de Dieu, elle sait qu'elle le rejoint. Et il se laisse enivrer par l'acte d'amour.

L'impulsion du désir rend l'intelligence plus forte.

Le bonheur sans contrainte reçoit la force.

Viens! L'amour partagé brise les murs.

Les désirs amoureux sont l'état le plus pur.

Ce désir de vivre renaît en nous.

Et toute la beauté du bonheur renoué.

Par le miracle de l'amour humain.

Est construit par un simple désir, l'instinct.

Albert avait eu quatre enfants avec sa deuxième femme, Bernadette. Le premier, un bébé trop gros, avait été déchiqueté à sa naissance. Le deuxième était né en bonne santé, mais le troisième était venu au monde avec une maladie de cœur, alors que le quatrième était mort en gestation.

Celui qui était né avec une maladie de cœur avait été déclaré incurable par les médecins au bout de quelques années. Un soir, cependant, Bernadette lut dans un journal qu'un médecin, dans un hôpital de Montréal, pratiquait des opérations selon une technique nouvelle qui guérissait ces enfants. Bernadette voulait s'y rendre et elle demanda à Henriette de venir garder pendant son absence.

— J'voudrais ben que tu viennes garder.

— Mais avec plaisir, Madame Brassard.

— Y aura juste Albert, mais tu sais, avec le téléphone, ça prend une personne pour répondre.

— Partez sans inquiétude. J'vas m'installer avec la p'tite pis Dorila.

Dès le premier jour, Henriette comprit pourquoi Bernadette lui avait demandé de garder. Le téléphone commençait à sonner dès sept heures du matin. Il fallait le tenir d'une main et servir le déjeuner de l'autre, et ce jusqu'à l'arrivée du comptable. Dorila et son père étaient presque toujours absents, sauf pour prendre leurs repas et les commandes téléphoniques. Le soir, à l'heure du repas, tous parlaient de l'absence de Bernadette et de son voyage, et tous attendaient son retour avec impatience.

Elle revint au bout de quatre jours, épuisée, brisée de douleur. Les médecins de Montréal avaient fait le même diagnostic que ceux de Chicoutimi.

En pleurant, elle raconte son périple de retour.

— J'étais assise dans le train. D'une main, je tenais mon enfant et de l'autre une statuette de la Vierge. Tout à coup, mon fils est devenu bleu et mou comme une guénille. J'ai cru pour un instant qu'il était mort. J'ai serré la statuette dans ma main et je l'ai lancée dans le coin de la cabine où elle s'est brisée. «Vierge Marie, priai-je, toi qui connais la douleur de perdre un fils, je t'en supplie, protège le mien jusqu'à la maison.»

— Si y avait fallu qu'y meure dans l'train, interrompt Henriette.

— J'y ai pensé. Mon Dieu qu'j'ai eu peur!

— Quel voyage! Pauvre vous!

— Ça été épouvantable! Pis toé, icite, comment ça été? Le téléphone?

— Ça pas dérougi. Y a beaucoup d'ouvrage, j'ai presque pas vu l'temps passer.

Et Bernadette reprend son récit avec verve. Albert, lui, se berce dans sa chaise, comme

71

d'habitude, en fumant sa pipe. Un sourire au coin des lèvres, il écoute sans dire un mot.

— Si vous voulez, dit Henriette, j'vas rester encore quelques jours, l'temps de vous reposer.

— J'serais contente, j'en peux pus.

Il fait toujours plaisir à Henriette de rendre service à ses beaux-parents. Au fond, elle les aime bien, même si tout est comptabilisé dans la famille: achats, loisirs, sorties, etc.; même si chacun a peur que l'autre reçoive plus que lui. Elle essaie d'intérioriser les choses et de les offrir à Dieu.

Un jour que Dorila avait acheté une nouvelle toilette à sa femme, Émérentienne et Lucrèce, les deux belles-sœurs, étaient aussitôt venues faire des remous auprès de Bernadette. Elles n'avaient pas osé affronter Albert, ne voulant pas s'en faire un ennemi, vu que c'est lui qui tient les cordons de la bourse. Mais Bernadette ne se laisse pas faire. Quand sa bru arrive chez elle, elle lui pose des questions vives et directes.

— Henriette, c'é-tu vrai qu'vous avez été danser samedi soir?

— Oui, y a pas d'mal à ça, j'étais avec mon mari.

— Si Dorila aime danser comme son père, y doé aimer ça. Y paraît qu'Albert usait une paire de souliers par soir quand y était garçon.

— Ah! oui? J'savais pas ça.

— Paraît-il que t'avais une robe neuve?

— Oui, c'est Dorila qui l'a achetée. Qui vous l'a dit?

— Émérentienne et Lucrèce.

— Y'ont t'y fait un voyage exprès pour vous l'dire?

— Quasiment! Mé j'leur ai dit que tu ramassais ton argent.

Henriette n'ose pas le dire à sa belle-mère,mais Dorila s'est endetté pour acheter cette maudite toilette. Et c'est Henriette qui doit maintenant rembourser cette dette, piastre par piastre, à partir de sa maigre allocation hebdomadaire. Pendant qu'elle doit se serrer la ceinture pour joindre les deux bouts, Dorila passe pour un homme généreux aux yeux de tout le monde. Même si Henriette n'aime pas faire croire que tout va sur des roulettes quand la roue est sur le bord de casser, elle ne s'intéresse pas non plus aux ragots. Elle a d'autres chats à fouetter et la jalousie ne la touche pas. Elle s'emploie à plein temps à se faire aimer et désirer de son mari.

Quand Bernadette lui fait part des médisances de ses belles-sœurs, elle réplique: «Elles font pitié; j'prierai pour elles. La médisance et la jalousie sont des sentiments trop bas pour y accorder quelque attention.»

Après la mort du petit André, il ne resta à Bernadette qu'un seul fils: Jean. Elle le voulait bien instruit et elle l'envoya donc dans les meilleurs collèges du Québec. Pour parfaire son anglais, elle l'inscrivit dans un collège de Bathurst où il devait commencer dès l'automne. Et c'est elle-même qui ira le reconduire.

Pendant son absence, c'est Henriette qui s'occupera à nouveau de la maison. Bernadette fait confiance à sa bru et Albert l'approuve. Mais cette estime mutuelle fait germer plus que jamais la jalousie dans l'esprit des deux commères.

Au retour de Bernadette, Henriette revient chez elle avec sa famille et elle reprend le cours de sa vie comme auparavant. La petite Laurence grandit et donne à Henriette de bien grandes satisfactions. Celle-ci veut inculquer à son enfant la joie et la paix intérieures qu'elle essaie elle-même de conserver en dépit de toutes les contrariétés qui se présentent. Mais elle ne peut imaginer ce qu'un cœur et un esprit jaloux peuvent inventer.

74

Peu de temps après son retour chez elle, elle voir arriver Dorila, en plein milieu d'avant-midi. Son visage est blafard et il affiche un air confus et troublé. Surprise et inquiète, Henriette court à sa rencontre.

«Qu'est-ce qui y a? Es-tu malade?»

Dorila secoue la tête. D'une voix rauque entrecoupée de sanglots, il dit:

— Émérentienne et Lucrèce, si tu savais...

— Mé parle! Mon Dieu, parle!

— C'é terrible d'être méchantes comme ça.

— Qui t'a fait du mal? T'as perdu ton contrat?

— Ah non! Pire que ça! Mon frère Gilles est venu me raconter ce matin ce qu'Émérentienne et Lucrèce pensent de toé.

— C'est si pire que ça? À t'voir, on dirait que la mort a passé.

— Quand on est allé garder chez pâpâ, ben, eux autres disent que t'â couché avec lui.

Henriette lâche un cri et, tout d'un coup, elle sent la douleur l'envahir.

— Mé c'é pas vrai. C'é archi-faux. Y sont malades dans tête. Si tu m'crois pis que t'as confiance en moi, j'm'en fiche. C'est rien que des jalouses.

— J'sais que c'é faux, mais ça fait mal pareil. C'é pas drôle d'avoir affaire à des gueules de même.

— Pour ce qui est de Lucrèce, j'sus pas surprise, mais pour Émérentienne, c'est son père, après tout.

— J'le sais. Y sont devenues folles.

— Moé, j'ai la conscience tranquille, j'ai rien fait. Et pis, qu'est-ce qui ont dit encore?

— Elles disent que tu lèches le cul à pâpâ parce que c'est lui qui a l'argent.

— C'en est trop. Henriette porte la main à sa gorge en étouffant un cri de révolte. Elle se jette sur son lit et se met à pleurer. Sa crise de larmes la calme un peu et lui donne la force de servir le dîner de son mari et du bébé.

Après le départ de Dorila, elle retourne se jeter sur son lit et se remet à pleurer doucement. Jamais Henriette n'a été victime d'une aussi grande méchanceté. Même son mari est reparti sans l'embrasser.

«Croirait-il les deux commères?»

Tout l'après-midi, Henriette reste prostrée, priant Dieu de l'aider, de lui dicter les mots qu'il lui faudra dire à Bernadette, car elle craint

76

que cette médisance ne vienne jusqu'à ses oreilles.

«Il faut que j'aille, pense-t-elle, mais quoi lui dire? Comment aborder le sujet? Mon Dieu, préservez ma belle-mère de ces mensonges.»

Henriette vit un dilemme incroyable, révoltant.

«Si Bernadette a été mise au courant, comme elle doit souffrir!... Retiens-toi, retiens-toi parce que tu peux dire ou faire des choses regrettables... Mon Dieu... Mon Dieu... venez à mon secours! Oui... seul Dieu peut arranger des choses pareilles.»

Et Henriette s'endort épuisée de chagrin en s'abandonnant à la volonté divine. Soudain, comme dans un rêve, elle se sent secouée vigoureusement. C'est Dorila et, à côté de lui, Albert son beau-père, avec la petite Laurence dans ses bras. En croisant son regard, elle sent sa peine. Il sait. Mis au courant par Dorila, il est venu partager sa douleur et sa colère avec sa bru et son fils. Incapable de se retenir plus longtemps, il éclate en sanglots puis, sortant son grand mouchoir, il essuie ses yeux pleins de larmes. Henriette se jette dans les bras de Dorila et en fait autant.

— Voyons... voyons! Pourquoi qu'on pleur'rait? C'é pas vrai d'abord. Y sont folles ces deux-là.

— Ouais, t'as ben raison, reprend Albert.

— Oui, folles, mé ça empêche pas qu'elles ont réussi à nous faire mal.

— J'vas aller les voir, pis j'vas leur fermer la boîte.

En effet, Albert se rend chez sa fille Émérentienne, puis chez Lucrèce. Il les calme si bien que Bernadette est épargnée. L'affaire est close et Henriette s'en réjouit, mais elle en restera marquée pour longtemps. Et, au fond de son cœur, elle nourrit des idées de vengeance. Elle a tellement souffert de cette histoire, que son cœur est resté accroché à cette épreuve. Elle n'ose plus visiter sa belle-mère, de peur qu'elle ne devine son malaise, de peur aussi d'y rencontrer son beau-père. Il lui faut se taire, il lui faut se clouer le bec. Il ne faut rien dire et faire contre mauvaise fortune bon cœur.

Florentine ignore tout de cette histoire. Henriette ne lui a rien raconté. Elle lui cache tout d'ailleurs: le manque d'argent, l'impuissance de Dorila, la jalousie qui règne dans sa belle-famille de même que les divisions et les guerres sournoises entre les frères, la sœur et les belles-sœurs. Elle avait espéré que sa mère l'apprécierait un peu plus après son mariage et elle tenta de se confier à elle.

«Môman, est-ce que la jalousie peut pousser les gens à inventer des menteries?»

Florentine lui lance un regard de côté, intriguée par la question.

— Ben sûr que j'connais ça. J'ai souvent été victime de jalousie, à cause de ma beauté.

— Ben moi, môman, c'est pas pour ma beauté, c'est pour tout autre chose.

— Ah! oui?... C'est quoi donc?

— Ben, môman, si tu veux garder le secret, j'vas t'raconter l'incident, ou plutôt l'histoire que mes belles-sœurs ont inventée sur moi.

Après avoir entendu le récit de sa fille, la mère s'écria:

«T'é pas capable de leur fermer la boîte?»

La mère était penchée vers sa fille et tenait ses dents très serrées, tout en traçant des croix avec son doigt sur sa bouche.

— Ferme-leur la gueule.

— Si j'me défends, elles vont croire qu'elles ont raison... donc, j'ai choisi de me taire.

— Ouais! C'est dur, ça, ma fille.

Sentant qu'elle avait provoqué une certaine sympathie, Henriette risqua une autre question:

— Dites, môman, est-ce que vous aviez beaucoup de rapports sexuels, vous autres?

— Parle-moé pas de ça, j'haïs ça, dit-elle en gardant encore les dents serrées.

— Ben voyons, môman, c'est permis dans le sacrement du mariage.

— Quand tu m'parles de ça, ça m'écœure. J'pense que t'es rien qu'une cochonne.

Le ton ne permettait aucune réplique. Henriette partit donc déçue du résultat de ses confidences et elle se promit d'éviter le sujet avec sa mère, à l'avenir. Mais, chaque fois qu'elle confie à Dorila la difficulté qu'elle a de se faire comprendre de sa mère, celui-ci appuie toujours Florentine.

— Quand tu auras fait le chemin de ta mère, tu r'viendras m'en parler.

— Mais j'l'ai fait, le chemin de ma mère, j'l'ai même subi.

Mais Dorila ne semble jamais intéressé à entendre ce que sa femme a à lui dire et il reprend:

— Nous, dans not'famille, on s'parle pas, on s'haït.

— Ben, ça s'peut pas.

— Prends mon frère Gilles. Depuis qu'on est p'tit qu'y veut tout c'que j'ai.

— Mais c'est pas une raison pour l'haïr.

— J'l'haïs tellement que j'pourrais l'tuer.

— Dis pas ça, s'écrie Henriette. Tu m'fais peur.

— Prends ma sœur. Quand pâpâ s'est r'marié, elle a jamais voulu rester avec nous. J'la connais pas, j'peux pas l'aimer.

— Ben, tu fais mal en disant ça. Nous, les frères et sœurs, on s'aime et c'est peut-être parce que nos parents nous ont battus.

— Moé, mon père m'a battu une fois parce que j'avais fait manger d'la marde à l'épicier. J'm'en rappelle encore.

— Tu lui en veux?

— Non, plus maintenant, mais c'que j'trouve injuste, c'est que mon demi-frère peut me traiter de face de singe et de face de nègre pis que mon père et ma belle-mère le laissent faire. J'le haïs tellement!

— Moé qui croyais que vous vous aimiez.

Henriette sent un frisson glacial lui parcourir le dos. Elle ne veut pas faire partie des êtres que son mari haït tant.

Après les fêtes, Dorila part dans les chantiers avec son camion pour transporter de la «pitoune». Son beau-frère François, le mari d'Émérentienne, l'accompagne. Les deux hommes se suivent sur les chantiers de construction l'été et dans le bois l'hiver. Restée seule, Henriette ressasse son chagrin.

Une nuit, elle est réveillée par une toux rauque venant de la chambre de son enfant. Laurence est déjà bleue lorsque le médecin, demandé d'urgence à son chevet, diagnostique une bronco-pneumonie. Henriette s'inquiète.

«Ne vous faites pas de souci, madame. Avec de la pénicilline et des antibiotiques, demain ça ira mieux.»

Mais le lendemain, la fièvre monta de nouveau et on dut hospitaliser la fillette. Jour après jour, Henriette parcourait à pied la distance qui séparait Rivière-du-Moulin de l'hôpital. Heureusement l'enfant s'est vite fait au changement et, après quelques jours, Henriette commença à trouver moins pénible de la laisser à l'hôpital. Elle est seule pour assister son enfant malade et l'absence de Dorila lui paraît bien lourde. L'éloignement et l'indifférence sont des sentiments qu'elle a du mal à apprivoiser.

Si le malaise perdure, ce n'est pourtant pas faute de multiplier les efforts pour comprendre l'humeur renfrognée et boudeuse de son mari. Souvent, le soir, elle s'assoit avec lui au bout de la table. Elle lui prend les mains et lui parle doucement, essayant de percer le mystère de cet homme. Il est toujours fatigué et fourbu, comme s'il portait la Terre sur son dos.

Elle ne parvient pas à comprendre son inquiétude. Le plus souvent, elle se couche en pensant que sa présence, au fond, ne change pas grand-chose. Cet homme est un secret. Cacher l'impuissance, l'indifférence et la froideur de son mari devient alors pour elle le but de son existence et elle se jure que jamais personne ne saura.

«Ce secret est pour moi un trésor que je blottis au fond de mon cœur. Ce secret, je le cajole et je le berce. De ce secret, je ferai des poèmes. De ce secret, j'écrirai des charades et je chanterai des sérénades. Pour toi, mon secret, je me ferai poète et troubadour. Et je nourrirai ma prose de la tendresse de ce secret. De la passion et de l'amour sans issue, je passerai à l'amour de mon secret. Je ferai jaillir l'hilarité que je recouvrirai d'huile afin de ne plus être découverte par l'amour. Mon secret me gardera de l'infidélité et de l'amour adultère.

»Jamais plus personne ne connaîtra l'allégresse et l'exultation de mon corps. Je garderai mon cœur ainsi que mon corps purs. Quand l'homme de ma vie sera là, j'utiliserai le charme et la grâce afin de le séduire. Oui, je réchaufferai sa froideur et son indifférence pour qu'il se prête à mes désirs amoureux et je le forcerai à me prendre afin d'assouvir ma passion.»

Chapitre 6

L'opération de Dorila

Dorila souffre d'un mal d'oreille chronique. Dans son enfance, il a eu plusieurs abcès qui l'ont rendu un peu sourd, mais avec des remèdes de bonne femme, il avait toujours fini par s'en remettre.

L'hiver précédant son mariage, il était même allé à l'hôpital pour des examens et des soins. Mais le mal progressait et, assez souvent, il ne pouvait se rendre à son travail à cause de la douleur.

C'est le mois d'août et les travaux vont bon train. La chaleur cloue tout le monde à la maison et c'est à peine si on peut se promener dans les rues. Même sur la promenade, à l'ombre des arbres, l'eau du Saguenay ne réussit pas à procurer assez de fraîcheur pour sécher la sueur des corps moites. La canicule semble vouloir perdurer encore un bon moment. L'effervescence de l'été s'est comme arrêtée, figée dans la vapeur des chaleurs. Dorila se traîne plus que de raison. Henriette s'inquiète et lui suggère de voir son médecin.

L'oto-rhino-laryngologiste consulté propose à Dorila un examen plus approfondi. Le résultat est incontournable: il faut opérer et le plus tôt possible, le mal ayant progressé plus vite qu'on ne le pensait. Tout était si clair que la décision parut évidente.

«Dans trois jours, on va t'opérer», avait dit le docteur Georges-Étienne Gauthier.

À son retour de l'hôpital, le soir, le visage de Dorila en disait long sur son état d'âme.

— On m'opère lundi, avait-il dit à Henriette.

— S'ils ne peuvent faire autrement, que veux-tu? Il faut accepter.

Le lundi matin, huit heures, Henriette est auprès de Dorila, déjà inconscient. De très bonne heure, on lui a rasé la tête, on l'a badigeonnée d'iode et recouverte de bandages stérilisés pour protéger la partie malade avant l'opération.

Deux infirmiers viennent chercher le malade et glissent difficilement son corps sur le brancard à roulettes. Henriette l'embrasse sur le front en lui souhaitant bonne chance et elle le reconduit jusqu'à l'ascenseur.

«Si vous le désirez, vous pouvez quitter, lui dit l'infirmier, parce qu'il ne reviendra pas avant plusieurs heures.»

Henriette ne veut pas sortir, de peur que Dorila ne revienne et qu'elle ne soit pas là pour l'accueillir.

Elle ira plutôt là où elle allait si souvent avant son mariage: prier à la chapelle. Comme autrefois, elle y trouve le même réconfort. Sa foi est toujours aussi grande et elle remet entre les mains de Dieu le succès de l'opération. Le médecin lui a dit que ce serait long. Elle en profite donc pour méditer et présenter à Dieu le bilan de leur vie à deux. Elle excuse l'impuissance et l'indifférence de son mari en les attribuant à cette mini-surdité. Elle prie afin que tout se déroule selon la volonté du Grand Maître, dans l'équilibre et l'harmonie universelle.

À midi, elle revient à la chambre mais, n'ayant pas de nouvelles de la salle d'opération, elle descend prendre une collation à la cafétéria. Elle croise sœur Saint-Calixte dans le corridor. Henriette l'a mise au courant la veille.

«J'arrive de la salle d'opération, dit sœur Saint-Calixte, mais ton mari est encore là. Tout se déroule bien.»

Un peu rassurée, Henriette remercie la religieuse, puis elle va s'asseoir dans un fauteuil et égrène son chapelet en espérant que l'opération réussisse. À une heure, le téléphone sonne au poste des infirmières.

— Madame Brassard, votre mari est sorti de la salle d'opération. Dans une heure, il devrait être revenu dans sa chambre, juste le temps qu'il se réveille.

— Merci.

Henriette est tellement inquiète qu'elle ne peut rien dire de plus, sa gorge est trop serrée. Elle se met à pleurer. Elle avait trop retenu la tension émotive qui l'envahissait depuis déjà plusieurs jours.

Soudain, le docteur Gauthier entre dans la chambre. Le cœur tout palpitant, Henriette se laisse choir dans le fauteuil qu'elle venait juste de quitter.

— Dites-moi, docteur, comment va-t-il?

— Bien... Bien, mais la guérison sera longue.

— Pourquoi?

— J'ai été obligé de gratter l'os mastoïdien pendant cinq heures. Je voyais battre son cerveau.

— Est-ce qu'il s'en remettra, docteur?

— Oui... bien sûr, et sans séquelles, j'espère.

Comme dans toute circonstance semblable, ce qu'il fallait faire, c'était d'attendre. Après le départ du docteur, Albert vint à son tour aux nouvelles. Toute la famille s'inquiétait et s'informait comme elle le pouvait.

Henriette et Albert pleurent doucement, sans briser la triste atmosphère. Ils ne se disent pas un mot. Seuls leurs regards se croisent. Albert pleure sur son fils aîné, et Henriette sur son mari.

Quand on ramène Dorila dans sa chambre, il est blanc comme les draps. Sa tête est entourée de bandelettes et c'est à peine si son visage est visible. Il ouvre les yeux quelques secondes pour retomber ensuite dans un profond sommeil. Le médecin revient dans la chambre et explique à Albert et à Henriette comme Dorila a le cœur solide et une forte constitution. Il n'a pas flanché un seul instant.

Pendant une semaine, Henriette voyage de la maison à l'hôpital avec Albert. C'est Gertrude qui vient garder Laurence. Celle-ci a eu un an en juin.

Dorila se remet difficilement de cette grave opération. Une infection autour du pavillon de l'oreille vient retarder sa guérison et sa sortie de l'hôpital.

Il y a un peu plus d'une semaine, Henriette a appris qu'elle était de nouveau enceinte. Elle ne dit rien encore à son mari. Elle lui annoncera la bonne nouvelle à sa sortie de l'hôpital. Ce matin-là, elle se sent un peu chancelante en se levant, mais elle prépare quand même le petit déjeuner de Laurence, puis elle se recouche pour reprendre des forces. Prise d'une envie soudaine d'uriner, elle se lève, mais elle aperçoit alors un filet de sang qui lui coule le long des cuisses. «Ah! mon Dieu, protégez-moi!» La petite a maintenant quinze mois. Elle peut parler au téléphone, mais les chiffres? Comment composer le numéro? Henriette se fait un tampon avec une serviette éponge, elle compose elle-même le numéro, puis elle donne l'appareil à Laurence et retourne vitement au lit.

«Laurence, dis à grand-maman que maman est malade.»

Bernadette parle si fort qu'Henriette peut l'entendre jusque dans sa chambre.

«Vite! Maman... malade.»

Bernadette crie au téléphone: «Qui est-ce?»

Et Laurence de répéter avec sa petite voix:

— Maman... malade.

— Dis à maman que j'arrive.

Bernadette cueille Florentine en passant et toutes les deux arrivent chez Henriette. Celle-ci baigne déjà dans son sang.

«Vite, l'ambulance!» crie Bernadette.

Avec des serviettes éponges, Florentine essaye d'arrêter l'hémorragie jusqu'à l'arrivée de l'ambulance.

«Restez ici avec la petite, dit-elle à Florentine, moé j'vais avec elle à l'urgence. Pendant ce temps, téléphonez à l'hôpital pour avertir Dorila.»

Quand la malade arrive à l'urgence, Dorila est déjà là. Il doit signer les documents pour l'anesthésie et pour le curetage. (La femme, dans ce temps-là, n'avait aucun droit sur son corps, ça prenait la signature du mari ou du père.)

Dorila a encore la tête entourée de bandelettes, mais il semble assez bien. Bernadette laisse ensemble le jeune couple. Ils ont l'air pathétique, tous les deux.

«Il faut que je reparte, dit-elle, André est seul à la maison.»

Dorila lui fait un signe de la main et la civière roule déjà vers la salle d'opération.

Henriette a perdu son bébé. Quand elle se réveille, son mari est assis à son chevet, plus malade qu'elle. Ils ont tous les deux des visages de carême. Rien ne semble vouloir aller comme ils veulent. Tout s'acharne contre eux, comme une pluie glaciale d'automne. Après un petit moment, Henriette se rendort, car elle est encore sous l'effet de l'anesthésie. Quand elle se réveille à nouveau, Dorila est toujours là, assis auprès d'elle. Il prie, égrenant son chapelet. Il se demande quand cessera cette série d'épreuves et de maladies. Il accepte très mal l'épreuve.

Cet homme, à la forte constitution et au physique robuste, a un moral de bébé. Il est porté à se décourager. Et si, en plus, Henriette flanche, il est totalement déboussolé. Il n'arrive pas à puiser en lui la force nécessaire pour cheminer sereinement. Si Dieu, son père et sa femme le soutiennent, il franchira les étapes plus facilement.

— À quoi penses-tu, Dorila?

— Ah!... je pense qu'on est ben *badluckés*.

— C'est pas drôle, hein? Tous les deux ensemble à l'hôpital.

— Oui... pis j'pense qu'on n'a pas mérité ça.

— Dieu nous éprouve selon la grandeur de son amour.

— Ben, si c'est ça, il nous aime en maudit.

— Maudire par le nom de Dieu, ça peut nous porter malheur, reprend Henriette.

— Ben, qu'y nous lâche un peu. Ça pas arrêté depuis qu'on est marié.

Refusant d'en entendre davantage, Henriette retourne dans les vapeurs de l'anesthésie.

Trois jours plus tard, lorsqu'elle reçoit son papier de sortie, Dorila reçoit aussi le sien. Comme deux oiseaux blessés, ils quittent ensemble l'hôpital, convaincus de ne plus jamais avoir à y remettre les pieds.

Chapitre 7

La chicane

C'est de nouveau le retour du printemps. On le reconnaît à la fébrilité des êtres. C'est aussi le retour des camionneurs, des bûcheux et des charroyeux de «pitounes», tous pressés de retrouver femme et enfants. Dorila fait partie du groupe et il partage avec les siens la joie de son retour. C'est à peine si Laurence le reconnaît, car il a été absent pendant trois mois. Pour les deux époux, il faut réapprendre les mots, il faut se courtiser de nouveau et réapprivoiser les gestes de l'amour.

Cette longue séparation a été une bénédiction pour le couple. L'éloignement et l'ennui ont fait renaître la passion et le désir. Dorila et Henriette se retrouvent enlacés, goûtant les joies de leur union. Satisfaits et assouvis, ils se jurent encore amour et fidélité pour toujours.

Dorila est revenu la tête pleine de projets. Il a fait pas mal d'argent.

— J'vas m'garder d'l'argent. J'donne pas tout c'que j'ai gagné à pâpâ.

— T'es enfin décidé! Qu'est-ce qu'y va dire?

— On va s'dégourdir. J'veux pas mourir d'ennuyance comme eux autres. Y dira c'qui voudra. La semaine prochaine, on va s'inscrire à des cours de danse.

— Es-tu fou, toé? Ça fait longtemps que j'sais danser.

— Ça fait rien. Tu viens, toé aussi. On s'accordera mieux.

— C'est vrai qu't'as les genoux raides.

— Quand y aura des soirées, j'aurai l'air moins innocent.

— J'aimerais ben ça, mais j'ai peur de c'que la famille va penser.

Émérentienne et Lucrèce la surveillent en effet continuellement pour la prendre en défaut. Mais quand Dorila décide quelque chose...

Ils s'inscrivent donc au cours de danse, puis ils achètent des toilettes, un appareil stéréo et des disques pour pratiquer les leçons déjà apprises. Tout ça occasionne beaucoup de dépenses, mais il n'a pas peur des dettes, puisque c'est sa femme qui finit toujours par les payer en se privant.

Ce fut un printemps très excitant. Henriette devait se tenir continuellement prête, car son mari trouvait toujours une soirée où aller ou une sortie à faire quelque part. L'alcool coulait à flot. Même si elle ne prenait aucune boisson alcoolisée, Henriette trouvait que son mari buvait beaucoup, mais elle ne le lui reprochait jamais toutefois. Il aimait s'amuser et, la boisson aidant, il se laissait aller à des jeux amoureux qui se terminaient souvent tard dans la nuit.

Henriette se laissait facilement entraîner dans le tourbillon de la danse, mais jamais dans les beuveries de son mari.

Inévitablement, Bernadette finit par dire à sa bru que leurs sorties devenaient trop fréquentes. Évidemment, Albert, lui, n'en parlait pas à son fils. Il laissait lâchement sa femme dire les choses à sa place. Lui, il se berçait, la pipe pendante, le sourire en coin.

Henriette avait toujours été intriguée par ce sourire. Elle n'y voyait ni chaleur ni bonne humeur, juste un petit quelque chose de mystérieux, mais rien de très sympathique. Puis, quoi dire à quelqu'un qui ne parle presque pas? Impénétrable et imprévisible, il laissait toujours à sa femme le soin d'exprimer tout haut ce qu'il pensait tout bas.

Au cours de l'été, Albert obtint un contrat du gouvernement. Les travaux demandés nécessitaient la relocalisation de certaines maisons. Albert en devint propriétaire et il réserva l'une d'elles pour loger Dorila et sa famille. Et même si c'était un mensonge, il leur fallait dire que cette maison leur appartenait. Henriette serait la première de toute la famille à posséder une maison. Tout l'été, elle alla du logement à la future demeure. Elle ne dit ni ne laissa entendre à personne que la maison n'était pas à eux. Un secret de plus à porter, un mensonge de plus à soutenir. Tout le monde la trouvait chanceuse, elle passait pour la fille la mieux mariée de la famille.

— T'es chanceuse, toé. Une maison, un beau ménage, pis un bon mari.

— Oui, tu crois, môman?

— Ben, qu'est-ce que t'as à dire?

Elle en aurait beaucoup à dire, mais... elle se tait. Pour le moment, le travail et l'aménagement de la maison l'occupent suffisamment. Son bonheur et ses besoins affectifs sont systématiquement mis de côté.

Il est six heures, le samedi soir. Dans la maison, tout est propre et bien rangé. Henriette berce tranquillement la petite Laurence dans ses bras en attendant patiemment le retour de son mari. Sa semaine de travail est terminée mais, comme d'habitude, il tarde à rentrer.

«Où peut-il être? se demande-t-elle. Que fait-il encore? Pourquoi est-il si souvent absent? Que faire pour qu'il m'aime encore? M'a-t-il déjà aimée? M'a-t-il vraiment désirée? Même durant les premiers temps de notre mariage, il lui était difficile d'éprouver des désirs charnels. Mon Dieu, faites qu'il m'aime. Je suis la seule femme qui puisse le rendre heureux, qui puisse lui donner la tendresse et l'amour dont il a besoin. Dès qu'il franchira la porte, je m'approcherai de lui et je lui offrirai mon corps. Mes lèvres brûlantes le couvriront de baisers et je m'abandonnerai sans réserve. Je veux être pour lui la femme parfaite... Mais s'il fallait qu'il recule, qu'il refuse ma tendresse...»

Une fois son enfant endormie, Henriette se lève doucement pour ne pas la réveiller, puis elle traverse la cuisine et va la déposer dans son lit. «Si elle peut dormir, se dit-elle, je pourrai accueillir amoureusement Dorila. Un mois déjà qu'on n'a pas fait l'amour!... Mais, ce soir, je lui demanderai de me prendre...»

Ses réflexions sont brusquement inter-
rompues par des pas dans l'escalier. Henriette
est déjà toute haletante.

«Henriette, retiens-toi, se dit-elle, aie un
peu de pudeur et de dignité.»

Mais lorsque la porte s'ouvre, c'est plus fort
que sa volonté. Elle se précipite vers son mari,
passe ses bras autour de son cou et l'embrasse
inlassablement. Qu'importe si elle goûte une
bouche pâteuse, parfumée au gin et à la bière.
Il y a trop longtemps qu'elle attend.

Dorila entoure sa femme de ses deux
grands bras et, sans retenue, Henriette se laisse
aller. Il la soulève de terre et vient la déposer
sur le lit.

«Viens... viens, je te veux. Je n'en peux plus
de t'attendre, je veux te sentir en moi. Vite, vite,
je t'en supplie...»

Dorila s'exécute. Il lui enlève vivement ses
vêtements et fait de même avec les siens. Le
corps d'Henriette est presque inerte, elle ne
s'appartient plus. Étendue, la tête pendante à
côté du lit, elle attend la pénétration comme
l'agneau qui s'offre en sacrifice. Son corps est si
mou que, pour un instant, Dorila la pense
morte ou à l'agonie. Il la soulève et replace son
corps sur le lit. Elle lui sourit, lui montrant ainsi
sa satisfaction à l'approche de l'amour.

«Prends-moi... prends-moi», lui dit-elle avec insistance tout en l'embrassant et en le caressant avec désir.

Pris dans ce tourbillon de baisers et de caresses, ignorant encore ce qui lui arrive, surpris, il succombe, comme chaque fois, aux jeux de l'amour. Ces jeux lui font peur, ils sont pour lui matière à pécher.

— Tu m'as encore fait tomber dans ton panneau.

— C'est un beau panneau, n'est-ce pas?

— Penses-tu que Dieu nous aime quand même?

— Dieu nous aime et Il se réjouit de notre bonheur.

Et, pour la xième fois, Henriette explique à Dorila la grandeur de l'amour dans le mariage.

— Veux-tu me faire à souper?

— Oui, tu vois, ça aussi, c'est une jouissance, et Dieu la bénit.

Elle le regarde. Il est tout décontenancé. Pour lui, l'amour est un piège et il se complaît déjà trop dans la bouteille. Si ce n'était du maigre salaire qu'Albert leur donne chaque semaine, elle ne sait pas comment ils réussiraient à manger. La boisson, ça coûte cher. Ils sont toujours «à la dernière cenne».

* * * * *

Lorsque le temps des fêtes arrive, les enfants d'Isidore et de Florentine suivent la même tradition que chez pépère Audet, c'est-à-dire qu'ils passent par les maisons des membres de la famille et en réveillent les occupants. Noël avait été joyeux, comme d'habitude. Ils s'étaient tous réunis: Dorila et Henriette, Élise et Angémile, les nouveaux mariés, Elie et Jacqueline, Luce et Eugène, Hélène et Georges, et les autres. Chaque année, la famille s'agrandit. Il y a un gendre, une bru ou un petit enfant de plus.

La nuit du jour de l'An, Dorila part faire la tournée avec Angémile. Celle-ci doit se terminer chez Isidore et Florentine avec le groupe qui les suit. Henriette viendra les rejoindre pour le déjeuner. Florentine est partie à la messe de cinq heures, mais son ragoût de pattes de cochon mijote sur le poêle à bois. Isidore sort son whisky pour saluer ses garçons et ses gendres.

Tout le monde s'amuse, chante et lève son verre à la santé de tous. Henriette arrive à son tour. Mais quelle n'est pas sa surprise de voir Dorila étendu sur un lit de la chambre!

«Qu'est-ce que t'as?» demande-t-elle en s'approchant de lui.

Florentine, qui était arrivée un peu avant, dit:

— C'est terrible, Henriette. Élie et Dorila se sont battus.

— Battus? Mé ça s'peut pas. Pourquoi?

— Ah! Personne peut l'dire. Ils se sont parlé très fort, pis y se sont battus.

— Pis Élie, où c'é qu'y est?

— Y'é r'parti, pis not'jour de l'An est gâché.

— Mé ça pas d'bon sens. Qu'est-ce qu'y ont eu?

Isidore prend la parole à son tour.

— J'pense, moé, qu'ça traîne depuis longtemps. J'dirais depuis qu'y ont été dans l'bois ensemble.

— Ben voyons, son père. Inventes-en pas.

Henriette n'a même pas eu le temps d'enlever son manteau qu'elle doit repartir, portant Laurence d'un bras et soutenant Dorila de l'autre. Le reste de la famille en fait autant.

La fête du jour de l'An n'a pas eu lieu. Et personne ne sait, encore aujourd'hui, ce qui s'est réellement passé.

Cette querelle mit fin aux grandes réunions familiales. Chacun allait souhaiter la bonne année aux parents et partait sans attendre les autres. Dorila eut longtemps mal au dos. Il disait qu'Élie lui avait cassé les reins sur le bord du lit.

Albert et Bernadette apprirent la chicane par leur fils. Émérentienne et Lucrèce profitèrent de l'occasion pour faire leurs commérages disant que la famille d'Henriette était une famille de fous. Heureusement, Bernadette défendait sa bru.

— Henriette n'est pas responsable de ça.

— Mais son frère a quand même blessé Dorila, répondit Émérentienne.

— Y l'a pas fait exprès.

Henriette essaie de se défendre.

— J'étais pas là. J'sais pas c'qui s'est passé.

— Cessez d'faire des histoires avec ça. J'veux pus en entendre parler.

Henriette n'a pas revu sa mère depuis la bataille. Elle a peur de devoir en parler avec elle.

À la première visite, comme elle le prévoyait, un silence froid l'accueillit. Il fallait bien vider l'affaire, crever l'abcès. Mais comment?

— Môman, qu'est-ce que tu penses de c't'affaire-là?

— Y paraît qu'c'est toé, la cause de tout ça.

— Moé? Mais j'étais même pas là.

En plissant le bec, la mère prend un air de pimbêche. Son ton est tranchant.

— Ben, c'est c'que disent les autres.

— Quels autres?

— Ah!...

— Dis-moi quels autres. Dis-moi-le...

— Non, j'te l'dis pas.

— Voyons, môman, c'est Dorila qui est blessé.

— Oui, mais c'é lui qui a commencé.

— Comment pouvez-vous l'savoir? Vous étiez à la messe de cinq heures.

— Oui, mais les autres me l'ont dit...

— Quels autres? Dites-moi-le.

— J't'ai déjà dit non. C'est non.

— Comme ça, «les autres» me pensent coupable?

— C'est ça. Pis prends-le comme tu veux.

— Je l'prends pas comme j'veux. Je l'prends pas pantoute. Pis r'gardez-moé ben, môman. J'pars, je r'viendrai pus. Parce que, comme j'peux voir, tu exclus les torts d'Élie.

— Ben, c'est ça.

Et elle laisse partir sa fille. Ce qui compte pour elle, c'est Élie. Henriette repart en pleurant. Elle se rend à l'église pour prier et réfléchir à tout ça, puis elle s'arrête chez sa belle-mère. Mais le problème la dépasse complètement.

— Qu'est-ce que tu veux que j'te dise, Henriette?

— Môman dit que c'est moé qui a tort, pas moyen de discuter. À veut rien entendre, j'sais même pas pourquoi c'est moé la responsable.

— Mais t'étais même pas là.

— Non, mais y paraît que j'aurais dit des choses contre la femme d'Élie, pis que lui y était fâché.

— Mais on s'bat pas avec quelqu'un pour ça.

— Pis j'sais même pas qu'est-ce que c'est.

Bernadette ne sait plus quoi dire. Elle essaye de consoler sa bru, de sécher ses larmes. Henriette repart pour la maison un peu plus calme.

Dorila lui a confié, à une certaine occasion, que la femme d'Élie lui était antipathique, mais de là à lui faire porter tous les torts, il y a un monde. Elle ralentit le pas et traîne ses pieds dans les flocons de neige qui tombent de plus en plus dru. Elle traverse le pont qui relie les deux rives de la Rivère-du-Moulin. De loin, elle regarde la maison. Dorila est là avec Laurence. Il est suffisamment rétabli de sa douleur au dos pour s'occuper de sa fille.

Elle croit maintenant savoir qui est le vrai coupable dans toute cette histoire: c'est son mari. Il n'aime pas la femme d'Élie et il fait passer sa haine sur le dos d'Henriette. Et toute la famille la croit coupable.

«J'peux pas rester la seule responsable, non.»

Et elle se remet à pleurer. Elle devrait hâter le pas, mais elle reste clouée sur place, prise de panique. Elle hésite tout en réfléchissant. Il lui faut à tout prix aborder le sujet avec son mari et lui faire part de sa conclusion.

«Ce n'est pas à moé de réparer les pots cassés, mais à Dorila. Oui, c'est ça. Il faut qu'il le fasse.»

Lentement, Henriette remonte la côte qui la sépare de la maison; elle entrevoit déjà la lumière qui éclaire la grande galerie.

«Mon Dieu, se dit-elle, faites que tout s'arrange.»

Elle ouvre doucement la porte et la petite vient au-devant d'elle.

— Bonjour, Laurence. Où est papa?

— Papa couché.

— Papa couché? Ah mon Dieu! Non, pas encore!

Elle accourt vers la chambre.

— Dorila, qu'est-ce qu'y a?

— J'ai soulevé la p'tite, pis j'ai écrasé.

— Non! Pas encore!

— Appelle pâpâ. J'vas r'tourner une autre fois chez l'ramancheur.

Rejoint par téléphone, Albert arrive tout de suite. Il fait coucher Dorila sur la banquette arrière de l'auto. Celui-ci se tord de douleur. Henriette le regarde partir en priant Dieu de leur épargner une autre épreuve.

Dorila revient à la maison sur ses deux jambes, mais avec la recommandation de se reposer pour quelques mois.

L'hiver fut long entre l'hôpital et les médecins, un vrai cauchemar. Au printemps, à peu près guéri, Dorila reprit son camion et son travail. Henriette vivait constamment sur des épines à la pensée que son mari pouvait être de nouveau handicapé. Elle redoutait de le voir arriver, porté sous les bras par deux hommes.

Elle n'ose plus lui demander de faire l'amour. Après quelques années de mariage, elle s'est enfin rendue à l'évidence: faire l'amour n'est pas la priorité de Dorila. Ils en viennent à décider d'une convention entre eux: elle ferait les avances amoureuses selon ses besoins, mais sans refuser pour autant celles de son mari. Et c'est elle qui, le plus souvent, va vers lui. C'est une passionnée à qui le mariage n'apporte aucune satisfaction. Pour le moment, elle vit avec résignation son abstinence, comme une autre épreuve qu'elle offre encore à son Dieu. Sa spiritualité et sa foi la guident, sa conscience lui dicte ses valeurs. Elle puise sa force à l'intérieur d'elle-même et elle réussit même à répandre la joie de vivre et la paix dans son foyer.

Depuis la fameuse chicane, elle souffre de ne plus pouvoir rendre visite à sa mère, mais elle s'est juré de ne plus y mettre les pieds. Et surtout, elle ne veut pas risquer de rencontrer Élie et sa femme. De toute façon, son mari lui défend d'y aller.

«S'ils pensent tous que c'est moé la cause de la chicane, ben on va rester dans not'maison pis y nous verront pus.»

Entre-temps, Élie avait quitté son travail au champ d'aviation pour un emploi plus prometteur et plus rémunérateur. Dorila et Henriette apprirent par Luce qu'il était parti pour Montréal.

Un bel après-midi d'été, le couple déambulait sur la promenade avec Laurence. Ils devaient obligatoirement passer en face de chez Florentine. Pour comble de malheur, celle-ci était assise sur sa galerie. Quand elle aperçut sa fille, elle lui cria quelque chose, mais celle-ci ne la regarda même pas. Elle passa devant la maison comme si elle avait été une étrangère. Florentine descendit sur le trottoir, traversa la chaussée et cria de nouveau. Dorila se retourna enfin et l'entendit.

— Voyons, Henriette, tu peux toujours pas rester fâchée après ta mère toute ta vie.

— Oui, moé oui. J'veux pus que vous m'fassiez souffrir.

— Ben voyons, c'est pas si pire que ça, hein, mon p'tit Dorila?

Dorila avait baissé la tête, un léger sourire au coin des lèvres. Florentine l'avait de nouveau conquis. Henriette savait désespérément qu'elle ne pouvait rien contre l'emprise de sa mère sur son mari.

Au cours de ce même été, Hélène, la sœur d'Henriette, se maria avec Georges Gauthier. La vie d'Hélène, tout comme celle de sa sœur, est promise au bonheur. Isidore et Florentine trouvaient Georges gentil et charmant. Avec un frère prêtre, ça aide à redorer un blason.

Ce matin-là, le temps est radieux et, à la sortie de l'église, la rivière Saguenay atteint sa pleine hauteur. Les rayons du soleil font miroiter des milliers d'étoiles sur l'eau. Après la photo d'usage, tout le monde se rend chez les parents de Georges pour un premier cocktail, puis à l'hôtel et enfin chez Isidore et Florentine. Les mariés partent au cours de l'après-midi, mais la fête continue quand même joyeusement. Henriette n'est aucunement surprise de voir son mari se saouler au point qu'Angémile doit venir les reconduire. Il met beaucoup de temps à le dévêtir et à le coucher et les deux sœurs en profitent pour jaser.

— Il a l'habitude d'en prendre, mais c'est la première fois qu'il se saoule.

— Moé non plus, j'veux pas qu'y s'mette saoul.

— Dorila en prend tous les jours d'habitude, mais y s'met pas chaud.

— Y faut que j'te dise, Henriette, j'suis en famille.

— Trois enfants déjà! J't'avoue que moé, j'en voudrais un deuxième.

— Luce aussi attend son premier.

— Chanceuse! J'espère partir pour la famille prochainement. On essaye, en tout cas.

— T'as pas peur d'être encore malade?

— Oui, j'ai peur, mais j'en veux un autre.

Élise et Angémile partent presque aussitôt. Henriette va chercher sa fille chez les voisins. Elle la serre avec tendresse dans ses bras tout en pensant à ses sœurs qui ont bien de la chance d'être enceintes. Elle espère avoir encore plusieurs enfants. Il serait grand temps, car Laurence a déjà quatre ans.

En ouvrant la porte, une forte odeur de vomi lui monte au nez. Dorila est tombé par terre de tout son long dans la salle de bain. Il a refermé la porte en tombant, empêchant quiconque d'entrer. Henriette pousse la porte en criant pour que son mari se réveille, mais lasse de faire des efforts inutiles, elle se couche enfin avec la petite pendant que le cochon cuve son vin. Elle rêve qu'on vient déposer un bébé dans ses bras et elle y voit un bon présage.

Dorila a fait une demande pour aller travailler au barrage de la rivière Bersimis. Il en parle tous les jours et il espère se faire engager. L'argent gagné lui permettrait de se libérer de son père.

— J'pourrai lui payer le *truck*, j'pourrai vivre par mes propres moyens.

— Bien sûr. T'es capable.

— Si j'peux aller là-bas, après, j's'rai un homme libre.

— Tu pourrais aussi lui payer la maison parce que j'suis tannée de dire qu'est à nous autres, quand c'é même pas vrai.

— Inquiète-toé pas. Un jour, tout ça s'ra à nous.

— J't'aimerai davantage quand on s'ra libre pour de bon.

Henriette s'est levée de bon matin et elle se dirige vers la cuisine en fredonnant, la petite est sur ses talons. Le mois d'août ramène les nuits fraîches. Par la fenêtre de la cuisine, on peut apercevoir la rivière Saguenay et le mont Saint-

François. Henriette a hâte que les feuilles rougissent, car ce sera encore plus beau à ce moment-là. La sonnerie du téléphone vient interrompre sa rêverie.

— Oui, allô!

— Monsieur Brassard, s'il vous plaît.

— Il n'est pas là pour le moment. Est-ce que j'peux faire le message?

— Oui, madame, s'il vous plaît, dites-lui de monter avec son camion à Forestville et de se rendre au bureau de Pierre Tremblay. De là, on lui dira quoi faire pour se rendre jusqu'à Bersimis.

— Oui, je lui f'rai l'message. Merci.

— Tout de suite, hein? Y faut pas qu'il tarde.

Sitôt le téléphone raccroché, Henriette se met à crier et à danser dans la maison. Enfin, Dorila a l'emploi tant attendu. Ils auront tous les deux leur liberté... Ils pourront sortir tout à leur aise, sans surveillance, sans jalousie, sans critique. Le bonheur, oui, le vrai bonheur...

«Mon Dieu, mon Dieu, merci... Ah oui! Il faut rejoindre Dorila, préparer ses valises... Mon Dieu, qu'j'suis contente!»

Henriette lave et repasse minutieusement tout le linge de son mari. Pendant qu'il met son camion en état, elle s'affaire à tout classer dans son grand sac. Puis, elle prépare un bon souper, un vrai festin. Il faut fêter le départ pour que l'absence soit moins lourde. Tout ce que Dorila aime le plus sera déposé sur la table. En préparant toutes ces bonnes choses, elle ressent un haut-le-cœur. Elle se doute de quelque chose, mais elle ne dira rien.

La journée se termine par une marche d'amoureux dans le but de saluer Albert et Bernadette avant le départ. À leur retour à la maison, Henriette s'empresse de coucher Laurence pour qu'ils puissent enfin se retrouver seuls. Dorila sait que la séparation sera longue et, ce soir, sa femme n'aura pas à quêter l'amour.

— J'me verse un verre de gin et je suis à toi.

— Tu peux pas sans ton verre?

— Non, j'peux pas.

— Pourquoi? Tu m'aimes pus?

— Ça m'empêche pas d't'aimer, même si j'prends un verre.

Ils sont assis tous les deux au bout de la table, main dans la main. Henriette attend impatiemment que Dorila termine son verre, en essayant de comprendre ce que ça peut avoir d'important pour lui. Puis, Dorila la prend dans ses bras et la porte jusque dans la chambre. Lentement, les vêtements s'enlèvent, les corps s'entrelacent, les bras s'emmêlent. Les corps se laissent aller, s'enroulant et se déroulant dans des mouvements doux et sensuels. Leurs baisers sont entremêlés de soupirs et entrecoupés de plaintes haletantes. Ils n'avaient pas fait l'amour depuis plusieurs semaines et leurs corps s'appellaient. La pénétration se fait enfin et elle se termine dans une totale exaltation.

«Tu es ma femme et je t'aime», murmure Dorila.

Et il s'endort, repu et satisfait. Le lendemain, il quitte la maison aux petites heures, en embrassant sa femme et son enfant encore endormies.

Laurence passe presque toutes ses journées chez les locataires d'en haut, les Gauthier. Dans cet appartement, la table est toujours mise. Madame Gauthier, qui cuit encore son pain à l'ancienne, est un modèle de douceur, d'hospitalité et de générosité. Son visage reflète une grande bonté. La petite y est toujours accueillie avec joie et gâtée.

Dorila est parti depuis deux mois. Henriette a écrit quelques lettres et en a reçu autant. Quand elle réalise qu'elle est de nouveau enceinte et que sa santé décline, elle écrit des lettres qu'elle postdate pour ne pas inquiéter son mari. Elle ne veut pas qu'il connaisse son état... Pas tout de suite, en tout cas. Il faut qu'il travaille fort et qu'il gagne beaucoup d'argent pour qu'ils retrouvent leur liberté. Plus tard, elle le lui dira.

Bernadette, qui n'avait pas vu sa bru depuis quelques jours, décide de s'informer de sa santé au téléphone. Elle comprend tout de suite, au son de sa voix, que quelque chose ne va pas.

Elle vient rapidement lui rendre visite et la trouve vidée et affaiblie par les vomissements en même temps que déshydratée par le manque de nourriture. Madame Gauthier accourt rapidement avec du spaghetti et un petit pain chaud qu'elle vient de cuisiner. Henriette en avale quelques bouchées, mais ce n'est pas assez pour maintenir une mère en santé. Bernadette rejoint finalement le médecin qui décide d'hospitaliser sa bru.

— Madame Brassard, y faut pas que Dorila le sache astheure parce qu'il pourrait rien faire pour moé pour le moment.

— Si tu veux, mais j'te promets pas de t'nir ma langue si jamais y téléphone à la maison.

— En tout cas, pas tout de suite, j'vous en prie.

— Si y apprend qu'on lui a caché que sa femme est à l'hôpital...

— Vous lui direz que c'est moé qui vous a demandé le secret.

Comme d'habitude, on lui administre du sérum et de la pénicilline pour soigner son infection au rein. Pendant que Henriette vit dans un demi-coma à l'hôpital, ses lettres post-datées se sont épuisées. Averti par téléphone, Dorila prend aussitôt l'avion pour visiter sa femme. Il ne fait qu'un aller-retour et repart jusqu'aux fêtes de Noël.

Henriette est alors partiellement rétablie. Dorila passe donc ses deux semaines de congé à se saouler et à transporter des cadeaux. Avant de repartir pour Bersimis, il engage une jeune bonne pour aider sa femme jusqu'à la fin de sa grossesse. Bernadette s'occupera de lui rappeler qu'elle doit se faire administrer son sérum tous les mois. L'accouchement est prévu pour la fin d'avril.

Dorila revient une autre fois en février, avec un groupe de six hommes qui avaient loué un petit avion. Il profite de ses courtes vacances pour acheter un nouvel appareil stéréo-phonique et d'autres disques de danse, à crédit, évidemment. Chaque soir, il invite parents et amis à boire et à danser. Henriette le regarde faire comme si elle était en dehors de tout ça. Elle n'a jamais vu défiler autant d'argent, d'invités et de beuveries. Son mari s'amuse à la maison... En principe, elle n'a rien à dire.

— Dorila, tu trouves pas qu'tu bois trop?

— J'fais pas d'mal, on est ensemble pis on s'amuse.

— Oui, mais les autres, y nous r'çoivent pas.

— Ça fait rien. Moé, j'veux m'amuser. J'veux pas être mort dans la maison, comme les Brassard.

— Y faut ramasser nos piastres si on veut devenir indépendant de ton père.

— Fais-toé-z-en pas. J'en aurai ben assez pour le clairer.

Henriette n'a pas le droit de dire grand-chose. Ce n'est pas elle qui gagne l'argent et son opinion ne compte pas. Surtout qu'elle est malade et que ça coûte cher. Moins cher que lors de sa première grossesse parce qu'ils se paient maintenant une assurance-maladie et médicaments. Albert ne pourra pas appeler leur deuxième enfant «le p'tit cinq mille piastres».

Lorsque son mari retourne à Bersimis, Henriette est presque contente de le voir partir. Il reviendra fin avril pour la naissance de l'enfant.

Elle espère un garçon, un héritier pour la lignée des Brassard. C'est si important à l'époque! Et elle accouche d'un gros garçon le vingt-sept avril mil neuf cent cinquante-quatre. C'est l'euphorie générale.

— Il ne manquait que ça à not'bonheur, dit le père. On a une maison, même si elle n'est pas à nous, une fille, et maintenant, un garçon, pis moé, j'ai une bonne femme. Qu'est-ce qu'on peut avoir de plus?

Même si l'hiver a été gris, cet enfant vient tout droit de la terre promise. Aujourd'hui, la vie du couple est comblée par ce nouvel enfant. Maintenant, Henriette est persuadée qu'elle pourra enfanter de nouveau et elle s'en réjouit pleinement.

C'est la fête, après cinq ans d'attente.

Le ciel bénit notre foyer et Dieu répand sur nous sa bénédiction. «Merci, mon Dieu.» Après le départ de Dorila, Henriette en profite pour mieux regarder son enfant. La naissance d'un enfant sera toujours pour elle un miracle de la nature, un don de Dieu, l'amour à l'état pur. Elle se sent nager dans le bonheur grâce à ce cadeau. Que de beauté! Que de renouveau dans cet enfant! Elle voudrait crier son bonheur à l'univers entier. Mais elle garde en elle cette source intarissable d'amour que l'enfant lui prodigue.

Que mon cœur exulte, car je veux t'offrir un bouquet de roses pour qu'il fleurisse dans les prémisses de ta vie. Et qu'il me fasse tressaillir d'allégresse et jouir pleinement de toi.

C'est le début du mois de mai et la nature aussi se prête bien à l'épanouissement de l'être.

«Te serrer contre mon corps.

Te nourrir de mon sein.

Oh! Miracle de la nature!

Remplie d'allégresse, je te jure.

De t'aimer à jamais.»

Lorsque Dorila retourne à Bersimis après l'accouchement, il n'a plus de contrat. Finie l'ère de l'abondance et des cadeaux. Fini aussi le rêve d'indépendance, parce qu'il n'a pas assez d'argent pour l'acheter. La seule chose qu'il réussit à obtenir, c'est d'inscrire le camion à son nom et d'acheter une automobile, à crédit encore. Car l'argent est encore remis entièrement dans le même coffre, celui d'Albert. Henriette ne peut s'y résigner. Elle est révoltée.

— On a eu rien qu'une chance de devenir indépendant, pis on l'a perdue. T'as trop dépensé.

— On en a profité, c'est ça qui compte.

— Mais on va être encore aux crochets de ton père.

— Pâpâ a toujours été bon pour nous autres. T'as pas un mot à dire.

— Pis là, on a en plus une auto à payer.

— Inquiète-toé pas.

On va faire baptiser le nouveau-né. Grand-mère Bernadette insiste pour qu'il porte le prénom de Marcel: Joseph, Albert, Marcel. Son neveu qui est prêtre s'appelle Marcel. La mère n'hésite pas. Si cela peut avoir de l'influence pour que son enfant devienne prêtre, tant mieux! Avoir un prêtre dans la famille, c'est le plus grand bonheur qui puisse arriver à quelqu'un. Henriette, qui avait voulu devenir religieuse, n'avait rien perdu de son ardente piété.

Chapitre 8

Le troisième enfant

La vie s'écoule sans trop de nouvelles épreuves. Henriette veille jalousement au bien-être de sa petite famille. Elle est comblée. Dorila, cependant, s'accroche encore à son père et boit toujours plus que de raison. Les sorties avec les amis, les soirées de danse et les beuveries deviennent chose courante. Même si, le plus souvent, ça se passe à la maison, la boisson coule à flot et ça coûte cher.

Pour Henriette, cela signifie en plus préparer des lunchs d'après-soirée et veiller tard et être, malgré tout, bien disposée pour le lendemain. Les enfants demandent quand même beaucoup et l'humeur devient moins patiente. Henriette est vite à bout de nerfs. Elle n'a plus ni force ni courage et en parler à son mari ne mène à rien.

— Qu'est-ce que tu dirais si je passais tout mon temps à la taverne? menace Dorila au moindre reproche.

— Ben non, j'aime mieux te voir à la maison.

— Qu'est-ce que tu veux, à la fin? Que j'sorte? Que j'couraille?

— Non! Mais y faut-tu absolument que ça soit d'même?

— Si tu veux pas que j'm'amuse à la maison, j'irai ailleurs.

Comme la plupart des femmes de cette époque, Henriette doit se soumettre aux décisions de son mari.

Parents et amis aiment venir danser, chanter et prendre un coup chez eux. Leur maison est devenue la maison de Bacchus, le dieu de la vigne et du vin, sauf que c'est le gin et la bière qui y coulent.

Henriette ne boit pas. Elle reste debout au milieu des gens jusqu'à leur départ. Elle regarde vivre les autres, incapable d'imposer ses propres exigences. Elle finit même par se donner bonne conscience en se disant qu'il est préférable de garder son mari à la maison plutôt que de le laisser partir pour la taverne. De plus, cette situation n'est-elle pas le meilleur moyen qu'elle ait trouvé pour se faire faire l'amour? Quand les facultés sont affaiblies par l'alcool, son mari se laisse plus facilement attirer au lit et elle en profite. La beuverie devient source de plaisir sexuel pour le couple, un plaisir qui apaise pour un temps seulement les passions d'Henriette. Mais pas sa conscience. N'eût été de sa foi en Dieu et de sa grande piété, peut-être aurait-elle sombré, elle aussi, dans l'alcool.

Son devoir lui dicte d'accomplir son destin de femme et de mère, mais sa conscience lui demande de quitter cette ambiance malsaine, cette façon de vivre artificielle. Mais où irait-elle? se demande-t-elle. Elle n'a pas d'argent et qui embaucherait une femme mariée? Et puis, il y a ses enfants. Et que diraient ses beaux-parents? Et Florentine la traiterait sûrement de folle, elle qui pense que son gendre est le meilleur homme du monde.

— Y prend ben un p'tit coup, mais y boit dans sa maison, c'est pas grave.

— Si vous saviez, môman, comme j'suis fatiguée!

Mais Florentine aime aller à leurs soirées. Ses gendres la complimentent, l'embrassent et la trouvent belle. Pauvre Florentine! Elle recherche tellement l'amour, elle aussi! Isidore vient rarement, il trouve que le monde boit trop. Quand il fait cette confidence à sa fille, elle sursaute. Il y en a donc un autre qui pense comme elle?

* * * * *

Durant ses années de fertilité, Bernadette avait toujours espéré mettre au monde une petite fille. Et voilà qu'au cours de ce même hiver, une des sœurs d'Albert meurt en couches, alors qu'elle en était à son dixième enfant. Le veuf décide donc de donner ses cinq plus jeunes à ses beaux-frères et ses belles-sœurs. Bernadette voit là une chance unique d'avoir la petite fille qu'elle avait tant désirée. Elle porte son choix sur une fillette âgée de neuf ans. C'est toute une fête dans la famille. Cette petite blonde aux yeux bleus vient égayer le triste quotidien de la famille. Peut-être même apportera-t-elle un peu de jeunesse dans la maison. En tout cas, Dorila l'espère pour ses parents.

— Ça parle jamais dans c'te maison-là. J'ai jamais vu du monde mort de même.

— Ton père surtout, pas Bernadette.

— Elle, elle parle pour rien dire.

126

Bernadette reprend sa machine à coudre avec enthousiasme et elle confectionne toute une garde-robe pour sa nouvelle petite fille. Puis, elle l'inscrit chez les sœurs du Bon Pasteur, là où l'on donne une éducation classique. Mon Dieu qu'elle en est fière! Elle la considère déjà comme sa propre enfant. On reconnaît là sa grande générosité.

* * * * *

Depuis son retour, Dorila parle d'acheter un chalet à Saint-Félix d'Otis. Henriette ne sait même pas s'ils en ont les moyens, mais à quoi bon discuter? S'il en a décidé ainsi, rien ne peut l'en dissuader. Il veut intéresser sa sœur Émérentienne et son beau-frère François à son projet.

— Ça ferait un endroit pour réunir la famille, disait-il.

— Ben voyons donc! T'as jamais pu les sentir. T'es invites jamais. Comment tu vas faire?

François est donc consulté. Mais, comme il avait toujours gagné sa vie comme bûcheron, avant son mariage, il n'est pas intéressé à partager ses fins de semaine avec les mouches et les maringouins.

Malgré le refus de François, l'enthousiasme de Dorila n'est pas refroidi. Et par un beau dimanche d'avril, toute la petite famille part en automobile avec Hélène et Georges. Les deux beaux-frères s'entendent bien, ils prennent régulièrement un coup ensemble.

Le chalet est construit dans un endroit sauvage et escarpé. Un grand escalier y mène. De là-haut, on peut voir le lac qui serpente entre deux montagnes. Le soir, quand le soleil descend à l'ouest, le lac est calme comme une mer d'huile et la montagne y renverse sa majestueuse grandeur. Le camp s'élève sur deux niveaux. En bas, une seule pièce sert de cuisine et de salle commune. En haut, il y a trois chambres et un dortoir pour les enfants.

Georges s'offre pour faire les réparations à la bâtisse pendant ses vacances. Il pourrait ainsi en profiter pour chasser et pêcher, car le lac qui se trouve près du chalet est poissonneux. Georges aime la nature et il sait qu'Hélène, sa femme, aime bien Henriette. Elle sera heureuse de partager avec elle les travaux ménagers.

En fin de compte, Dorila achète seul le chalet. Encore une autre dette! Et les familles se succèdent tout l'été pour partager les tâches et faire les réparations. Et c'est heureux, car Henriette est encore au repos. Comme l'été fut particulièrement pluvieux, elle prit froid et dut être hospitalisée.

Alfred se mariait le 10 août. Henriette tenait à être présente, car elle avait tant bercé son frère qu'elle le considérait presque comme son enfant. D'ailleurs, elle les avait tous bercés. Elle fut donc très déçue de ne pouvoir être là. Après la cérémonie, le jeune couple vint lui faire une petite visite à l'hôpital. C'est à partir de ce moment qu'une sincère amitié unit Bérangère, Henriette, Alfred et Dorila.

Trois jours plus tard, le treize août mil neuf cent cinquante-sept, Henriette accoucha d'un garçon que l'on prénomma Jean-Paul.

Recevoir dans ses bras l'enfant porté dans son sein et y mettre tout son amour, c'est un cadeau du ciel. Dans chaque enfant qu'elle met au monde, Henriette reconnaît la bonté de Dieu et elle le remercie avec reconnaissance. Quel bonheur de tenir dans ses bras ce petit être qui a pris forme dans son corps! Concevoir un enfant et y mettre tous ses espoirs, voilà qui complète la couronne de gloire et qui ajoute un maillon à la chaîne de l'univers.

Cet enfant est pour elle l'être qui console, qui affectionne, qui apporte joie et amour incommensurables. Que de réconfort dans l'attente affective et combien s'en trouve renouvelé l'espoir d'un couple meilleur, un couple qui apprécie ce don! Aimer à jamais cet enfant qui rafraîchit son cœur, comme une source jaillissante de joie, quel bonheur!

Henriette vit secrètement sa satisfaction d'être mère. Elle n'est plus aussi certaine de l'amour que lui porte Dorila. Mais elle n'a aucun doute sur celui qu'elle porte à son enfant.

«L'amour insufflé à la créature aimée nous soutient dans les méandres de la vie, par mes bras enlacés tout autour, Ô mon enfant, je t'aime sans détour.»

Pendant ces neuf mois, neuf longs mois qui avaient fait réfléchir profondément Henriette, ils n'avaient fait l'amour que deux fois. Le manque de relations sexuelles et de contacts physiques font de plus en plus souffrir la jeune femme. Bien sûr, ça dure depuis le début de leur mariage, mais sa dernière maternité semble avoir éloigné son mari encore davantage.

— Dis-moi-le si tu m'aimes p'us.

— Ben non. J't'aime encore.

— J'peux pas m'imaginer que tu m'aimes encore si tu m'désires p'us.

— C'est pas ça, mais ça m'coûte de m'essayer. J'manque trop souvent mon coup.

— Même si tu manques ton coup, au moins essaye-toé.

— Tu sais pas qu'est-ce que c'est de pas bander.

— Si tu bandes p'us sur moé, c'est que tu m'aimes p'us. Mais dis-le, au moins. Fais moé pas souffrir pour rien.

— Si tu veux, on va s'laisser.

Henriette reste estomaquée. Elle sait déjà depuis longtemps que ça ne va plus entre eux, mais de là à se laisser. Que diraient les voisins, les parents, les amis? Les préjugés remontent à la surface d'un seul coup. Et tout ce monde autour d'eux qui les fréquente et qui les croit heureux? Et les enfants, où iraient-ils? Et ses secrets seraient-ils aussi menacés? Elle les cache et les apprivoise depuis si longtemps. Serait-ce la fin? Souffrirait-elle de ne plus souffrir?

C'est un ultimatum que Dorila vient de lui lancer. Est-il sincère ou bluffe-t-il? Le divorce n'existe pas et la séparation est illégale.

«Mes enfants... que deviendraient-ils?» se dit-elle.

Elle décide donc que jamais plus elle ne se plaindra de la froideur et de l'indifférence de son mari. Elle endurera toutes les beuveries, de même que la pauvreté masquée sous l'endettement et les mensonges. Elle continuera à projeter l'image d'une femme heureuse. Son

131

mariage doit tenir coûte que coûte. Depuis neuf ans qu'elle joue le rôle de la femme forte, elle continuera de montrer aux yeux de tous qu'ils forment une famille relativement unie. Personne ne croirait à leur discorde parce que personne n'a jamais été témoin de leurs disputes ou de leurs points de vue contradictoires. Quand elle a des reproches à formuler, Henriette attend toujours le moment approprié. Maintes et maintes fois, elle s'est assise avec Dorila pour remettre les morceaux en place et retrouver le courage de continuer, une continuité malhonnête.

Elle va donc rester avec Dorila. Elle parvient même à se convaincre que l'amour physique n'a pas autant d'importance qu'elle le pensait. Elle ne veut plus en parler ni en entendre parler. Elle s'efforce de n'y voir que des côtés négatifs. Si elle veut conserver un certain équilibre dans son couple, elle se contentera désormais du rythme sexuel de Dorila.

La convention qu'ils avaient établie au début de leur mariage ne tient plus maintenant. Elle se retire même le droit de demander à sa convenance la satisfaction de ses besoins sexuels. Elle n'en parlera même pas à Bérangère qu'elle considère pourtant comme une amie. Bérangère et son mari habitent tout près et ils se rendent souvent visite. Mais Bérangère est une toute jeune mariée et Henriette ne veut pas la troubler. Les conversations tournent autour de Jean-Paul, le dernier bébé. Bérangère le berce. Elle aime les enfants et elle est déjà enceinte.

L'hiver se passe dans la flanellette, le coton, la soie et la dentelle. Les deux femmes s'affairent à confectionner la layette du futur bébé. Et l'amitié grandit. Au printemps, l'arrivée du nouvel enfant rend plus fréquentes les visites mutuelles.

Le petit Jean-Paul a maintenant neuf mois. Comme il est frêle et de santé chancelante, sa mère lui consacre tout son temps. Il faut de plus rouvrir le chalet et le remettre en état pour y passer une partie de l'été. Georges, Alfred et Dorila creusent une fosse septique pour pouvoir installer une toilette intérieure. C'est de première nécessité lorsqu'il y a deux ou trois bébés, car il faut dire qu'Hélène a accouché l'automne dernier.

Pendant que les trois hommes travaillent, les trois mamans parlent de bébés. La maternité est le seul pouvoir qu'elles peuvent partager.

Florentine vient souvent passer les fins de semaine avec les plus jeunes: Raoul, Roméo et Noémie. Isidore, lui, n'aime pas la vie de campagne, il préfère rester seul. Le plus souvent, on se retrouve à quinze ou vingt personnes, parfois plus. Pendant les vacances d'été, il n'est pas rare qu'une trentaine de personnes restent à coucher le samedi soir. Les uns pêchent, les autres jouent aux cartes ou au scrabble pendant que les enfants courent, rient et pleurent à volonté. Une vraie tour de Babel!

Heureusement, les jours de travail ramènent le calme et Henriette reste seule avec les enfants et avec Bérangère ou Hélène.

Juillet est toujours le plus beau temps de l'été. Les enfants s'amusent alors dans l'eau du lac, près du quai. C'est un lac de pêche, donc un lac terreux, sans fond. Seule une petite anse peu profonde, près du quai, a été recouverte de sable pour permettre aux jeunes enfants de s'amuser sans danger. Une clôture entoure l'endroit pour protéger les plus petits. Jean-Paul patauge souvent au bord avec Régis, le fils d'Hélène, pendant qu'Henriette se promène sur le quai qui avance en eau plus profonde. Elle vient y méditer tout en gardant un œil sur la nichée d'enfants. Hélène vient alors rejoindre sa sœur. Elle vérifie les perches qu'on tend en permanence au cas où il y aurait des truites prises à la ligne.

Un jour, le petit Mario atteint le quai en se faufilant à travers la marmaille. En se penchant pour regarder les truites pêchées, il tombe, tête première, dans l'eau profonde. C'est la panique. Sa mère crie mais reste figée en le regardant descendre, sans pouvoir poser un geste. Henriette ne sait pas nager. Elle se jette donc à plat ventre sur le quai, se penche, s'étire de tout son long et réussit à agripper le pied de l'enfant.

Quelle émotion, quelle commotion!... On a eu plus de peur que de mal, heureusement! On rit, on pleure et on se console mutuellement. De retour de sa pêche avec Dorila, Georges est très ému lorsque sa femme lui raconte l'incident.

«Nous étions tous là et il se noyait sous nos yeux.»

On resserra donc la surveillance auprès des enfants.

Les amateurs de pêche et de nature sauvage se font toujours une joie de venir participer aux travaux de réparation du chalet. Une fois leurs tâches quotidiennes accomplies, chacun fait ce qu'il veut, les adultes comme les enfants. C'est un peu pour cela que chaque fin de semaine, le chalet se remplit à craquer. En plus de Georges et d'Hélène, d'Alfred et de Bérangère, qui sont des habitués, il y a Gertrude, la jeune sœur d'Henriette, qui vient souvent leur rendre visite avec son amoureux. Ce dernier est un pilote à l'entraînement, campé à Bagotville.

Un jour il a créé à tous une vive émotion qu'ils ne sont pas prêts d'oublier. Le jeune militaire a en effet survolé le chalet à très grande vitesse, à bord de son FC-103. On a même cru à un tremblement de terre ou à un bombardement.

«Demain matin, j'vais venir te réveiller», avait-il dit à Gertrude la veille en partant.

Gertrude n'avait fait aucune remarque à ce sujet et tout le monde s'était couché le cœur gai. On savait maintenant ce qu'il avait voulu dire.

En entendant le bruit de l'avion, Henriette avait lâché un cri et avait couru voir aux deux petits qui jouaient dehors. Gertrude, qui avait reconnu le bruit, avait poussé un cri à son tour. Quant à Laurence, qui était encore couchée, elle s'était laissé tomber par terre et s'était glissée sous le lit. Marcel et Jean-Paul étaient eux aussi étendus à plat ventre, se protégeant instinctivement de ce qu'ils croyaient être la guerre. Une heure plus tard, il arrivait en automobile avec son canot. On avait bien ri et ce fut la fête pour le reste de la journée.

Lorsque tante Gertrude est au chalet, les enfants sont contents de se promener avec elle en chaloupe ou de se balader dans la montagne. Marcel peut ramasser des têtards dans les étangs pour faire l'élevage des grenouilles et chacun peut faire ses propres expériences de sciences naturelles. Leur mère s'en réjouit d'ailleurs.

Le soleil est présent presque chaque jour. Tout le monde est en maillot de bain du matin au soir. Pas un brin de soleil ne se perd. Il faut en profiter, car, au Saguenay, l'hiver est long. Lorsqu'il pleut, on s'occupe des corvées intérieures.

Chapitre 9

La tentative de viol

L'achat du chalet avait attisé la jalousie dans le cœur d'Émérentienne et de Lucrèce. Maintenant, elles ne laissent rien passer quand il s'agit des achats, des dépenses et des sorties de Dorila et d'Henriette. Si elles savaient combien Dorila s'est endetté pour arriver à vivre au-dessus de ses moyens! Henriette a beau émettre des objections, il n'y a rien à faire. Quand Dorila a décidé d'acheter quelque chose, il ne recule devant rien. Émérentienne et Lucrèce ne veulent pas venir les voir, elles sont trop jalouses. Quant à François, il est venu une seule fois, mais sans trop d'enthousiasme. Il n'aime pas les maringouins et les mouches.

«J'ai passé ma vie dans l'bois, répète-t-il à qui veut l'entendre, j'me suis fait piquer par les maringouins pour le reste de mes jours.»

Albert disait la même chose, il avait été bûcheron, lui aussi. Henriette est souvent seule au chalet avec ses enfants. Elle en apprécie le calme et la sérénité. Aucun bruit artificiel ne vient troubler leur vie, puisqu'il n'y a ni radio ni télévision. Mais les ouaouarons donnent un concert tous les soirs au coucher. Et le réveil est égayé par le cri des geais bleus, des corneilles ou des pics-bois. Toute la nature est en éveil: écureuils, suisses, rats musqués et ratons laveurs s'en donnent à cœur joie. Chaque matinée dévoile un nouveau tableau champêtre: les prêles qui poussent au bord du lac et où naissent les jeunes demoiselles; les araignées et la multitude d'insectes aquatiques. On y fait des cueillettes tout l'été: petites fraises des champs, framboises, noisettes, cerises etc.

Chaque matin, c'est le même rituel. Henriette sort pieds nus et elle marche dans le gazon ou dans les boisés pour sentir la nature sauvage sous ses pieds. Elle y retrouve les bruits et les odeurs de son enfance, ceux du canton Antoine. C'est cette forte présence qui la rassure et lui fait apprécier son séjour au chalet, lui procurant une grande paix intérieure. Et c'est en méditant qu'elle ramasse dans le boisé les petits copeaux de bois sec qui lui serviront à allumer le poêle pour préparer le petit déjeuner.

Ce matin, tout particulièrement, elle se regarde lancer les tranches de pain sur la surface du poêle pour en faire des toasts à l'ancienne comme le faisait Florentine. Elle revient sur ses souvenirs passés; ça lui paraît éloigné et rapproché en même temps. Comment pourrait-elle oublier son passé, ces moments difficiles où sa mère posait les mêmes gestes en pleurant ou en maugréant? Le poêle à bois ouvre toujours une grande page de sa vie. Ce matin, elle est heureuse de la regarder avec de la joie autour d'elle.

Les enfants se gavent de ces rôties, cuites par dizaines à la fois. C'est un festin qu'ils apprécient toujours. Puis, chaque matin, après le déjeuner, il leur faut aller puiser l'eau à la source qui se trouve dans la montagne, de l'autre côté du lac. Cette corvée revient à Laurence et à Marcel. Ils partent donc avec les cruches et traversent le lac en chaloupe.

Pour Henriette, le plus beau temps de sa vie se déroule à cet endroit. Lorsqu'elle est au chalet, Dorila va prendre ses repas chez son père et Bernadette s'y prête volontiers. Henriette a ainsi plus de temps à elle.

Au cours de l'été, Dorila souffrit de plus en plus de sa douleur au dos. À un point tel qu'il doit s'engager un chauffeur pour conduire son camion. Mais il reste quand même en ville, s'occupant des contrats et surveillant les travaux en cours qui ne manquaient pas. Il ne vient au chalet que les fins de semaine, et toujours avec beaucoup d'invités. Il va sans dire que les relations se font rares entre les deux époux. Il faut choisir, presque en calculant, la bonne heure et le bon endroit pour y parvenir. Mais la séparation des vacances fait naître un peu plus d'attirance entre eux. Sous prétexte d'une confidence à faire, Henriette attire son mari dans l'auto et ils vont faire l'amour dans un sous-bois.

La visite de fin de semaine est tellement envahissante que toute la nourriture y passe. Durant la semaine, Henriette se voit toujours obligée de faire des fricassées avec les restes ou encore des crêpes pour nourrir sa famille. Heureusement que Laurence aime aller à la pêche! Elle peut ainsi leur apporter de la truite pour varier le menu.

Henriette n'ose pas se plaindre, car tout ça fait partie des volontés de son mari. Que le chalet ou la maison soit pleine de monde, qu'importe! Tous les moyens sont bons pour attirer les visiteurs; la boisson coule à flot et il y en a pour tous les goûts. Tout cela coûte cher, et les dettes s'accumulent de plus en plus. Mais il faut donner l'apparence de la richesse et de la générosité, tout cela poussé jusqu'à l'exagération pour se donner un air d'altruisme. Tous les gestes que pose Dorila sont calculés et mesurés en fonction de l'argent qu'ils pourraient rapporter un jour ou l'autre. Mais pourquoi maintient-il toute sa belle-famille autour de lui? Est-ce parce qu'ils sont jeunes et sans argent?... Henriette ne trouvera que bien plus tard la réponse à cette question.

* * * * *

Septembre. C'est la rentrée des classes. Laurence et Marcel prennent le chemin des écoliers alors qu'Henriette attend un autre enfant. Les amours dans les sous-bois ont été fructueuses. Être enceinte est pour elle un moment difficile à passer, mais avoir des enfants, c'est aussi son objectif. Même si chacun coûte cher, jamais ça n'égalera toutes les boissons alcooliques ingurgitées au cours d'une année. Les Brassard monnayent les enfants comme les contrats. Henriette, elle, se donne la joie de les mettre au monde. Elle considère ces mois de gestation, de maladie et de réclusion comme des mois de réflexion profonde. Elle en profite pour remettre en question la vie qu'elle mène.

Albert a donné beaucoup de latitude à Dorila et c'est lui qui négocie les contrats. Pour le moment, tout semble bien aller, même qu'il vient d'en obtenir un d'un certain monsieur Batim, surintendant à l'emploi de la compagnie Permanent Construction. Malgré cela, Albert craint tout de même les autres entrepreneurs, car la compétition est forte dans son domaine et chacun essaie de tirer la couverte de son bord.

Monsieur Batim est un veuf qui travaille pour la compagnie depuis plusieurs années. Il a fait bien des fois le tour de la province. Pendant son séjour dans la région, il loge à l'hôtel Chicoutimi. C'est un homme qui a beaucoup d'amis dans la région. Dorila l'invite souvent à la maison et Henriette le reçoit à sa table, même si elle déteste le voir rôder autour d'elle. Il passe son temps à se vanter de ses exploits auprès des femmes et il raconte avec brio des anecdotes inédites. À l'entendre, toutes les femmes sont faciles à séduire. Henriette se dit qu'elle, elle ne se laissera pas prendre. Ah non! Pas elle! Et surtout pas avec lui! Aucun homme autre que son mari, aussi fin et aussi gentil soit-il, ne la possédera. Cela fait partie du secret qui est si profondément enfoui dans son cœur.

Mais voilà que cet homme se met à leur rendre visite presque tous les soirs. Lui et son mari prennent ensemble leur «quarante onces» dans la soirée.

Henriette est assise et ne bouge pas. Jusqu'à des heures impossibles, elle écoute les sornettes des deux poivrots. Il faut ensuite reconduire leur invité à son hôtel. Elle leur sert de guide et, le plus souvent, de chauffeur.

Un soir que les deux hommes sont encore plus éméchés que d'habitude, Henriette doit prendre encore une fois le volant. Monsieur Batim s'assoit au milieu de la banquette et Dorila à droite. Comme elle est occupée à conduire le triste individu se met à la tripoter. Henriette lui donne quelques coups de coude pour se dégager et l'éloigner d'elle. Avec un sourire sadique au coin des lèvres, Dorila le regarde faire, semblant approuver des gestes aussi osés. En voyant rire son mari, Henriette freine et l'automobile s'arrête net.

«Si vous voulez pas vous tenir tranquille, j'vous débarque tous les deux et je repars seule à la maison.»

La plaisanterie cessa sur-le-champ. Une fois à l'hôtel, monsieur Batim descendit de la voiture en titubant. Dorila le soutint jusqu'au hall d'entrée et revint aussitôt prendre place auprès de sa femme. En montant dans la voiture, il dit:

«Tu aurais pu te laisser faire. Même s'il te tripote un peu, c'est pas grave.»

Henriette se met à crier et à pleurer.

— Jamais je ne céderai à ce vieux cochon. Il a couché avec toutes les femmes.

— Ce vieux cochon représente beaucoup d'argent pour moi.

— Penses-tu que j'vais m'donner pour d'l'argent?

— Tu peux te prendre un autre homme parce que moé, j'bande pus assez pour te contenter.

— J'en veux pas d'autres hommes. Je me suis donnée tout entière à toé, pis toé tu veux pus. C'est fini.

— Ben, tout c'que j'demande, c'est de m'donner une chance pour les contrats.

— Jamais!... Jamais!... Non, jamais!

— Tu es comme les autres. Quand tu seras au bout, tu céderas ben.

Henriette passe la nuit à pleurer. Elle panique à l'idée que «son» mari puisse la conduire jusqu'à la prostitution pour obtenir des contrats. C'est impossible! Pas ça, non... pas ça. Pourtant, le lendemain, Dorila revient à la charge.

— Tu verras, il y a beaucoup de femmes qui l'font.

— J'les connais pas, pis j'veux pas les connaître.

146

Parfois, le malheur peut aider à faire le bonheur. Ce fut le cas pour Henriette. Elle était enceinte et, comme à chaque grossesse, elle dut partir pour l'hôpital. Cela la calma et lui aida à prendre un peu plus de recul face à sa situation problématique.

Chaque nuit à l'hôpital, elle rêve que Dorila lui fait l'amour et qu'il livre une lutte sans merci à ceux qui veulent la posséder. Mais ses rêves deviennent des cauchemars où elle est aux prises avec des fantômes qu'elle ne peut combattre. Comme tout au long de sa vie avec Dorila, il y a beaucoup de monde autour d'elle, mais ceux à qui elle veut parler ou qu'elle veut toucher disparaissent lorsqu'elle tente de les atteindre. Tout se déroule dans un monde intangible et irréel.

C'est Bérangère qui a pris soin de la maison et des enfants pendant son séjour à l'hôpital et elle resta auprès d'Henriette une partie de l'hiver. Cette dernière se sent protégée, en sécurité. Quand Alfred et Bérangère sont dans la maison, elle devient calme et sereine. Elle sait que son frère la protège contre tous ses fantômes. Elle est si faible et elle a tellement peur! Parfois, elle parle «raide» à son mari et Bérangère et Alfred la regardent, alors, surpris. Ils ne peuvent comprendre, car Henriette ne leur a jamais fait de confidences sur ce qui se passait dans sa vie. Elle aurait bien trop honte. Rien que d'y penser, elle sent son corps souillé.

Après les fêtes de Noël et du Nouvel An, elle va mieux et elle croit qu'elle peut rester seule pour terminer sa grossesse. Entre-temps, Luce et Eugène se sont acheté une maison dont ils prendront possession au mois de juin. En attendant, Luce offre à sa sœur de venir s'installer chez elle pour le reste de l'hiver et pour le printemps.

Les deux femmes s'entendent bien. Elles sortent ensemble, font du magasinage et s'enivrent de farces et de rires joyeux. Les cinq enfants s'amusent autant que leurs parents.

Les quatre aînés partagent la même chambre au sous-sol et leur réveil est matinal. Ils sont jeunes et pleins d'énergie. Un matin, par exemple, la jeune Doris à Luce avait coupé sa jaquette, la trouvant trop longue. Luce l'avait mal pris, disant que la jaquette était gaspillée. Mais l'enfant voulait la porter comme ça.

Un autre matin, la maisonnée fut réveillée par des coups de marteau. C'était Laval, le jeune fils de Luce, qui s'était servi du bois de la bibliothèque pour se fabriquer un camion. Sur le coup, Henriette ne riait pas, mais l'incident fut vite classé au chapitre des farces et attrapes. Dans le cadre de tous ces événements, l'hiver passa sans que personne l'ait vu.

Pâques est venu tôt cette année, en même temps, en fait, que la neige a disparu du sol, à la fin mars. Cette belle fête de la résurrection de Jésus alimente le cœur et l'esprit d'Henriette.

À cause de son état, elle n'a pu assister aux longues cérémonies de la semaine sainte. Cela lui manque, car d'habitude, la semaine sainte lui donne l'occasion de jeûner tout en faisant le bilan de sa vie. Le jeûne désintoxiquait son corps mal alimenté, et lui permettait de laisser libre cours à son esprit pour mieux s'élever vers l'Éternel, vers son Dieu, le Maître de sa destinée. Mais, de par sa maternité, ne faisait-elle pas à son Dieu le don total de sa chair et de son sang? Ne venait-elle pas en union avec lui et ne devenait-elle pas complice de sa continuité? Chacun de ses enfants ne serait-il pas un des maillons de la chaîne universelle qui unit les humains et enchaîne la terre afin d'en conserver l'équilibre?

La maternité donne tous les pouvoirs à Henriette, elle la rend souveraine d'un petit royaume: sa famille.

On est à la fin mai. Aujourd'hui, le temps est beau et frais et les trois jeunes s'amusent dehors. Dans quelques jours, Henriette mettra au monde son quatrième enfant. Luce vient de rentrer pour préparer le repas du soir, mais Henriette s'attarde encore un peu sur la galerie, profitant du soleil qui darde encore ses rayons sur le Saguenay, en face.

Elle pense à sa maternité qui a été relativement bonne, mise à part l'hospitalisation des premiers mois. Le support de Bérangère, puis celui de Luce, a rendu son attente beaucoup plus sereine.

Soudain, Henriette entend un cri d'enfant mais elle ne peut rien apercevoir, car ça se passe de l'autre côté du mur de soutènement, dix pieds plus bas. Elle voit ensuite arriver un jeune garçon transportant dans ses bras le corps inanimé de Jean-Paul. Henriette se précipite vers lui et pousse un cri rauque et strident pour alerter Luce, restée à l'intérieur. Luce arrive et prend Jean-Paul dans ses bras.

— Il faut aller à l'hôpital, il est inconscient.

— Attends, j'vais y aller.

— Non, reste ici. T'é pas dans un état pour attendre des heures à l'urgence.

Luce installe donc Jean-Paul sur le siège avant de son auto et Henriette regarde partir son enfant qui n'a pas l'air de vouloir reprendre conscience.

Son visage est très pâle. Restée à la maison, Henriette se fait du mauvais sang. Elle se sent encore une fois impuissante devant les événements. Ce n'est qu'au bout de quelques heures que Luce lui apprend par téléphone que Jean-Paul a une fissure sur le crâne et qu'on va le garder en observation pendant une semaine.

Quand Luce revient à la maison, elle annonce que l'enfant a repris conscience. Dorila passe le voir dans la soirée et il ramène de meilleures nouvelles.

Chaque fois que Luce ou Dorila revient de l'hôpital, Henriette a hâte d'apprendre comment va son enfant. Lorsque celui-ci revient enfin à la maison au bout d'une semaine, c'est elle qui y est contrainte de se rendre à l'hôpital pour son accouchement.

Le premier juin, Henriette donna naissance à une petite fille que l'on baptisa Martine.

«Ô toi, enfant qui m'a choisie pour naître. Je t'aime sans condition, car tu me fais renaître. Toi, enfant tant désirée, je te remercie d'être venue en moi. Ton amour me remplit de tendresse et de joie. Mon cœur tressaille d'allégresse, car il sait que toi, enfant, tu renouvelles ma vie. Tu es une caresse, une harmonie, car seul l'enfant est amour et moi, je ne peux vivre sans enfanter.»

Adélard, le frère d'Henriette qui fait partie de la Canadian Royal Air Force, devait se marier en juin à Clinton, Ontario. Pour pouvoir aller au mariage, Henriette fera garder le bébé et ses autres enfants par Bérangère et Alfred. Pour éviter les dérangements, c'est eux qui se déplaceront et qui iront à la maison.

Gertrude demeure à Toronto depuis un an et le couple passera la prendre pour la noce. Partis de Chicoutimi à huit heures du matin, ils arrivent à Toronto, à Wellesly Road, plus exactement, à six heures du soir. Le lendemain, direction Clinton. Gertrude travaille comme interprète chez Simpson, au rayon des commandes par catalogue, et elle loge dans une pension pour jeunes filles tenue par des religieuses.

Florentine et Isidore, qui sont venus avec les parents de la mariée, n'avaient pas réservé de chambre. Lorsque est arrivée l'heure du coucher, ils se retrouvèrent tous dans la chambre réservée à l'avance par Henriette. Elle qui avait espéré un rapprochement amoureux avec son mari... elle avait manqué son coup.

— J'voulais être seule avec toé.

— Y faut ben avoir soin de ta mère.

— À leur âge, y sont capables d'avoir soin d'eux autres tout seuls.

— T'é pas charitable, t'é rien qu'une égoïste. Ta mère, après tout, c'est ta mère.

— Oui, mé y a des fois que j'la voudrais ben loin, elle.

— On a ben l'temps.

— Tu dis toujours ça, pis y a toujours quelqu'un.

— Mais c'est ta famille après tout, non?

Henriette avait envie de le tuer et de tuer tout le monde. Elle ne dormit pas de la nuit.

Le lendemain matin, Adélard et Rachelle s'unissent pour le meilleur et pour le pire dans la petite chapelle militaire. Le banquet terminé, tout le monde suit la voiture des mariés sur les petites routes de campagne et jusqu'au bord du lac Huron. Lorsque le groupe s'arrête enfin, Henriette est éblouie par la beauté du lac, par son immensité et sa splendeur.

Voir et admirer une belle nature et de belles choses, c'est toujours pour elle une compensation à l'amour. Après les photos d'usage, les groupes se séparent. Dorila et Henriette se rendent avec Gertrude jusqu'aux chutes du Niagara. Ils vont ensuite à Buffalo, à Syracuse, et enfin à Montréal.

Quelques jours plus tard, Henriette et Dorila reviennent à Chicoutimi, car Dorila a repris les travaux relatifs au gros contrat passé avec monsieur Batim. Les travaux avaient été arrêtés à cause de l'hiver, mais maintenant, il faut mettre les bouchées doubles.

Fin juin, Luce entre dans sa nouvelle maison. Elle attend un autre enfant, elle aussi. Il faut fixer une date pour l'ouverture du chalet, car il doit être confortable avec un jeune bébé. La lingerie et les couvertures ont été lavées à l'automne. Tout est prêt.

La veille du départ, Dorila annonce à sa femme que monsieur Batim les accompagnera. Le lendemain matin, on charge les caisses et les provisions de la fin de semaine dans la remorque attachée à la voiture. Hélène et Georges viendront les rejoindre samedi. Comme d'habitude, Dorila a acheté un «vingt-six onces» de Johnny Walker et il en prend quelques gorgées avant d'aller chercher monsieur Batim à son hôtel. À brûle-pourpoint, il dit à Henriette:

— Fais venir une gardienne, tu viens avec moé.

— Non, on va au chalet ce matin.

— On partira quand on sera prêt.

— J'y vas pas. Vas-y tout seul, ce bonhomme-là, y m'écœure.

— L'argent qu'y m'fait gagner, ça t'écœure pas, hein?

Inutile de discuter plus longtemps, Dorila lui avait cloué le bec. Résignée, Henriette part avec son mari. Dès leur arrivée à l'hôtel, Dorila et monsieur Batim vident le flacon d'alcool. Mais monsieur Batim en a un autre. En sortant de l'hôtel, vers les dix heures trente, les deux hommes sont déjà dans un état d'ébriété avancée.

«Henriette, prends l'volant», crie Dorila en lui donnant un coup de poing sur l'épaule.

Les deux hommes s'assoient sur le siège arrière et continuent à trinquer.

— On peut boire, on a un bon chauffeur. Conduis-nous à Arvida commande monsieur Batim.

— On s'en va au chalet, ce matin.

— On ira plus tard. J'ai des amis à voir, ils m'attendent.

Aussitôt arrivés à destination, les amis en question servent aux nouveaux venus des verres d'alcool généreusement remplis.

Henriette ne boit pas et elle refuse toutes les invitations en ce sens. Le petit groupe se rend ensuite à Jonquière et là même scénario. Chaque fois qu'ils se rendent d'un endroit à un autre, ils choquent leurs verres et se remettent à boire. Henriette se demande s'ils réussiront à se relever de leur siège. Mais ils tiennent bon. C'est la première fois qu'elle prend conscience à quel point son mari peut boire. Elle ne s'en était vraiment jamais aperçue. Était-elle aussi aveugle que sourde, ou préférait-elle se le cacher?

En revenant vers la maison, au cour de l'après-midi, Henriette dit machinalement, sans laisser voir que la suggestion venait d'elle.

— Si tu veux, on montera que demain au chalet.

— Comment ça? On est prêt, on part.

— Ch'us fatiguée, moé, j'aimerais mieux demain.

— Non! non! T'es bonne, envoye, conduis.

La remorque fut rattachée à la voiture, les enfants entassés sur le grand siège avant avec leur mère et, comme des bohémiens, la famille partit avec, à l'arrière, les deux ivrognes qui avaient repris leur place, un autre Johnny Walker dans leurs mains. Laurence tient dans ses bras la petite Martine qui a à peine un mois. Marcel et Jean-Paul sont collés sur leur mère, qui conduit prudemment à cause des deux hommes saouls qu'elle traîne avec elle. Vers cinq heures de l'après-midi, ils arrivent au chalet sans encombre. Henriette fait un décompte rapide pour évaluer la quantité d'alcool absorbée durant la journée et elle en conclut qu'il s'agit certainement de plus de cent onces. Elle s'adresse à Laurence.

— Prépare-toi à m'aider pour descendre les choses.

— J'vais coucher la p'tite en haut, pis j'viens t'aider, maman.

— Regarde les deux en arrière. Y sont paf.

«S'il fallait qu'ils dégringolent l'escalier, pense-t-elle, jamais j's'rai capable de les relever.»

Les deux compères descendent tant bien que mal de la voiture et ils vont s'étendre sur les divans placés dans l'entrée. Avec Laurence, Henriette s'assure que la vaisselle est propre et elle allume le poêle pour faire réchauffer le repas préparé la veille.

Laurence et les deux garçons transportent ce qu'ils peuvent et partent ensuite s'amuser au bord de l'eau. Pendant que les deux hommes roupillent, Henriette et sa fille préparent les lits pour le coucher.

«Nous allons souper tout de suite. Plus tard, j'f'rai manger les deux hommes.»

Mais le claquement de la porte qui accompagne l'arrivée des garçons fait sursauter monsieur Batim. Il se lève, regarde autour de lui et aperçoit Dorila étendu sur l'autre divan. Il va vers lui et lui administre un coup de pied en disant:

«Lève-toi et prépare-nous un gin. J'ai le gosier sec.»

Henriette ne fait aucun cas d'eux. Dorila s'approche d'elle et lui donne un coup de poing sur l'épaule en disant:

«As-tu d'l'eau chaude, ma femme?»

Henriette n'a pas le temps de répondre que Dorila soulève la bouilloire.

— Regardez, Monsieur Batim, on a de l'eau chaude. On va se faire une «ponce».

— Tu vas veiller avec moi, Laurence, lui dit sa mère. On va jouer aux cartes.

— Pas aux cartes, maman, au parchési.

— Comme tu veux, ma fille, j'aime les deux.

Henriette sert le repas, puis elle met le bébé en vêtement de nuit et le berce longuement pendant que Laurence amuse ses deux frères au bord du lac. Les deux hommes parlent des travaux déjà faits et de ceux qui restent à faire. Ils se racontent des histoires et passent leur temps à les répéter. Henriette monte coucher le bébé qui est profondément endormi. Elle redescend doucement et va rejoindre les trois autres enfants dehors. Le soleil baisse déjà à l'horizon qui s'empourpre derrière les montagnes. Celles-ci se reflètent dans l'eau du lac, calme comme une mer d'huile.

«Venez, les enfants, dit Henriette. On va faire un tour sur l'eau.»

Laurence rame lentement et tous les quatre se laissent glisser sur l'eau, goûtant une tranquillité apaisante. Henriette fredonne des refrains folkloriques qui font partie de son répertoire depuis fort longtemps. Ils regagnent le chalet avant la brunante, tout heureux d'avoir communié avec cette belle nature. Au retour, Henriette verse de l'eau dans le bassin pour la toilette des garçons et elle lave le visage et les mains de chacun. Marcel grimpe sur l'évier pour se laver les pieds et les jambes, Jean-Paul en fait autant, puis:

— Hop! au lit et bonne nuit.

— Bonne nuit, maman.

Et ils grimpent à l'étage pour se coucher.

— Attention! Ne faites pas de bruit pour ne pas réveiller vot' p'tite sœur.

— Non... non... Bonne nuit maman.

Les deux hommes, eux, sont retombés endormis chacun sur leur divan. Ils y passeront la nuit. Henriette fait coucher Laurence avec elle. Elle a comme un sentiment de peur. Au chalet, le réveil est toujours heureux. Le gazouillis des oiseaux, le clapotis de l'eau qui vient frapper le bord du quai, tous ces sons agréables et doux viennent se mêler à un calme serein difficile à décrire. Henriette se lève et regarde par la fenêtre. Elle peut voir les deux garçons qui ont déjà enfilé leur maillot de bain et qui pataugent joyeusement au bord de l'eau. C'est si peu profond qu'ils en ont juste à la moitié de leurs petites jambes.

Elle descend sans bruit. Les deux compères dorment encore. Elle sort silencieusement et va s'asseoir dans la balançoire à deux bancs. Jean-Paul rapplique aussitôt et se blottit auprès d'elle. Marcel s'assoit sur le banc d'en face et ils se mettent à babiller sur leur élevage de têtards.

C'est la faim qui les ramène à l'intérieur. Il faut allumer le poêle et préparer le déjeuner qui sera copieux. Les deux hommes se lèvent à leur tour et se versent un verre d'alcool avant de prendre leur déjeuner. Ils se mettent ensuite à parler de leurs parties de pêche, celles passées et celles qu'ils sont en train de préparer. Henriette aide aux préparatifs sans se priver de mettre son grain de sel ou d'ajouter une boutade à leur conversation.

Soudain, monsieur Batim se lève et vient vers elle. Il la prend par la taille en posant ses lèvres sur sa joue, puis il se retourne pour dire à Dorila:

— Dorila, tu es un homme chanceux. Ta femme est belle. En plus, elle est intelligente, ce qui est rare.

— Oui, j'le sais qu'j'sus chanceux.

— Eh ben! Prends-en soin. Parce que j'peux te l'enlever.

Henriette se dégage vivement de ce vieux porc. Il pue l'alcool à plein nez.

— J'sus pas intéressée par personne. Allez voir ailleurs.

— Pourquoi aller ailleurs? C'est toi que j'veux.

Henriette regarde Dorila, espérant qu'il mette fin à ce manège. Mais non, au contraire, ses yeux en disent long sur ce qu'il pense. Et la phrase qu'il lui a dite l'autre jour lui revient en mémoire:

«Tu verras, tu feras bien comme les autres. Tu finiras par céder.»

«Mon Dieu, se dit-elle, sauvez-moi de cet homme. Venez à mon secours, sauvez-moi.»

D'un coup sec, elle se dégage et se réfugie en haut. Dorila sort et dit à Laurence:

161

«Emmène les garçons en chaloupe.»

En entendant ces mots, Henriette se précipite en bas pour les rejoindre mais trop tard! Dorila l'arrête au pied de l'escalier. Il lui saisit les bras, les croise derrière son dos et les retient fermement d'une main. De l'autre, il ouvre son chemisier d'un seul coup en faisant sauter les boutons. Il tire ensuite le soutien-gorge, qu'il fait sauter de la même manière, et présente à monsieur Batim deux seins gonflés d'attente amoureuse autant que de rage. Cet animal d'homme prend les deux seins dans ses mains et, comme un cochon, se met à les sucer tout en ouvrant sa braguette. Henriette se débat comme un diable dans l'eau bénite. Il lui présente un pénis bandé à bloc. Dorila la retient et la serre très fort en disant:

— Envoye, fourre-la, c'est ça qu'a veut pis moé j'bande pus.

— Non... non, pas ça! Je t'en supplie, pas ça.

Henriette n'ose pas crier trop fort, de peur que ses enfants ne reviennent et ne voient ce dégoûtant spectacle. Elle essaye de se libérer, mais Dorila la serre si fort que tout geste de défense est impossible.

Désespérée, elle s'abandonne dans la prière et laisse aller son corps mollement comme si elle perdait conscience. Dorila la soulève et la rabat sur le divan.

«Fourre-la, crisse. Fourre-la, j'vas t'la t'nir.»

Le vieux porc la cherche de ses yeux brûlants de désir. D'une main, il retient son pantalon qui lui descend jusqu'à mi-jambe et de l'autre, son gros pénis bandé. Dorila crie toujours. Henriette ne veut pas être violée ni donner son corps à aucun autre homme que son mari. Elle songe à la petite Maria Goretti. Elle vient de voir le film de sa vie au cinéma. Et dans son âme, elle demande à la jeune fille de la protéger du viol. Soudain, on entend des portes d'auto se refermer et des voix qui se rapprochent de plus en plus. Tout s'arrête. Dans les yeux du vieux porc, le désir passionné fait place à la peur. Il remet son pantalon à une vitesse vertigineuse. Dorila libère enfin sa femme et, comme un lâche, il se remet à ses agrès de pêche.

Honteuse, Henriette ramasse ses vêtements et grimpe l'escalier en courant. Pendant qu'elle s'habille, elle entend son mari dire aux arrivants:

— Ah! ben maudit! Salut Georges! Salut Hélène.

— Salut Dorila! Henriette, où est-elle? Et les enfants?

163

Henriette est en haut.

Dorila parle sur un ton tellement détaché qu'on pourrait penser qu'il se trouve à sept lieues d'elle.

— Les enfants sont sur le lac.

— Ah oui! Ce sont eux qu'on a vus en passant.

— Oui, pis y faut qu'y r'viennent. On a besoin de la chaloupe pour aller pêcher.

— Vous allez pêcher? J'y vais avec vous autres. On sera pas trop de trois, hein? dit Georges.

Hélène monte rejoindre sa sœur. Cette dernière retient ses larmes et ne peut plus parler. Elle aurait voulu crier, hurler sa rage et son désespoir, mais elle se penche sur chacun des lits pour se cacher, mettant toute son énergie à lisser exagérément toutes les couvertures.

— Mais qu'est-ce que t'as, es-tu malade?

— Oui, j'ai un mal de tête qui m'assomme, si tu savais.

— Mais tu pleures. Couche-toi j'vais faire le dîner des enfants parce que les hommes s'en vont pêcher. Y vont revenir rien qu'à la fin d'la journée.

Hélène se retire et Henriette s'étend sur son lit. Toute sa chair tremble. Elle grelotte tellement qu'elle a la sensation que tout son sang se retire de ses veines, qu'elle vit un état d'apesanteur. Son estomac se serre et elle se met à vomir. Hélène vient l'aider, puis elle sombre enfin dans un sommeil parsemé de peurs et d'attaques inimaginables.

Lorsqu'elle se réveille, deux heures plus tard, tout est calme. Hélène est assise dans la balançoire avec les cinq enfants et elle participe à leurs jeux. Henriette s'approche et s'assoit dans la balançoire avec eux. Contrairement à la sensation d'apesanteur qu'elle avait expérimentée plus tôt, elle sent maintenant une lourdeur indescriptible. Tout le poids de sa triste vie s'abat sur ses épaules. Hélène lui jette un regard compatissant, mais elle ignorera toujours l'attaque qu'Henriette vient de subir. Pourquoi couvre-t-elle Dorila? Pourquoi est-ce elle qui prend tout le poids de la culpabilité? Est-ce la honte de son choix?

Chapitre 10

Les orphelins

L'automne annonce le retour à la ville et à la vie trépidante: sorties, danses, achats de toilettes, etc. Henriette reprend ses activités sociales, comme les pratiques du chœur de chant et les visites à l'ouvroir des pauvres, où sa belle-mère lui apprend à refaire des vêtements neufs avec des vieux. Cette femme ne cessera jamais de l'étonner par sa vivacité d'esprit, par sa verve intarissable et par sa dextérité des plus parfaites. Autant Henriette vit dans son intériorité, autant Bernadette s'extériorise dans tout. Mais jamais il n'est question de sexualité entre elles. C'est un sujet tabou. Même qu'Henriette éprouve une certaine culpabilité devant ses désirs charnels.

«Suis-je normale, songe-t-elle? Pourquoi mon corps exulte-t-il autant? Pourquoi, en moi, ce désir si fort pour un homme?» Elle cherche dans la lecture une réponse qui soit satisfaisante pour la femme tourmentée qu'elle est, mais les livres lui apprennent surtout comment plaire à l'homme et se complaire en sa présence. Ses questions de femme restent donc sans réponse.

Parce qu'elle éprouve des besoins charnels et affectifs très ardents et très passionnés, son mari la trouve anormale. C'est pourquoi il veut la prêter au premier venu pour obtenir des contrats. Depuis plusieurs années, elle subit ses sarcasmes, tels que:

«Il faut t'mettre belle ce soir on rencontre M., ou encore: Tu as besoin d'être fine parce que un tel...»

Le mariage lui accorde le droit à l'amour, mais il ne lui demande pas de se prostituer pour autant.

L'impuissance de Dorila reste un secret entre elle et son Dieu. Elle est prête à soutenir moralement son mari, mais pas à le laisser disposer de son corps, ça jamais...

«Je veux continuer honnêtement la route qui m'a été tracée, se dit-elle, même si les échanges physiques se font de plus en plus rares.»

Elle ne brisera pas son vœu de fidélité. Elle a mis des enfants au monde, il faut qu'elle leur accorde au moins la chance de grandir dans une atmosphère de bien-être et de bonheur, même si cela n'est qu'apparent. Elle essaie de ne rien laisser paraître des problèmes qu'elle vit avec Dorila, ni devant ses amis, ni devant sa famille, et encore moins devant ses enfants.

«Dieu seul connaît mon âme et mon cœur.»

Si un jour le voile secret de la vérité se soulève... alors on verra. Mais d'ici là, Henriette continue d'offrir l'image d'une femme heureuse et comblée. Ses fortes impulsions, elle les étouffe sous des dehors gais et enjoués. Comment son entourage pourrait-il deviner les épreuves qu'elle traverse et assume? Impossible, car ils ne perçoivent que le mirage qui leur est transmis. Henriette joue la comédie du bonheur et les gens qui l'entourent en sont les spectateurs. Elle ne veut pas troubler les êtres chers mais quelquefois, pourtant, elle tente des confidences à Bérangère ou à Gertrude. Mais ses paroles vont se perdre dans l'incompréhension. Toute l'expression de ses sentiments devient pour elles un langage insaisissable. À la maison, ou au chalet, personne ne semble l'écouter ou l'entendre. C'est comme si elle était absente des lieux, comme si elle était intemporelle.

C'est pourquoi Henriette apprécie le calme et la tranquillité de la campagne, les sons qui lui sont familiers, le cri du gros hibou qui ulule près du chalet le soir, la vue de chaque animal qui vient y retirer son dû.

Ce matin, Henriette est assise sur la grande galerie du chalet, buvant son café à petites gorgées. Elle réfléchit à tout ce dont elle bénéficie: la chaleur de l'été, la brise du matin qui, en ce moment, la caresse doucement, ce merveilleux havre de paix qu'elle aime et qui la réconcilie naturellement avec les êtres qui l'entourent.

Marcel et Jean-Paul s'amusent sur le bord du lac. Ils surveillent les têtards ramassés la veille dans l'étang. Sur la galerie les petits tritons nagent dans leur grand bocal. Un peu plus loin, le suisse fait tourner la roue de sa cage. Le pic-bois picore le bouleau tout près, afin d'en extraire les larves qui se trouvent sous l'écorce. Chacun trouve son compte, car toute la nature se prête gratuitement au festin.

Henriette dépose sa tasse sur la petite table et, lentement, pour ne pas briser le charme et pour ne pas déranger tous ces êtres qui l'entourent, elle descend sur le quai pour y recevoir l'énergie du soleil et la douce brise du matin qui chatouille ses narines en bouffées fraîches.

«Mon Dieu, se dit-elle, je voudrais y passer ma vie ici, m'y retirer en recluse.»

Laurence et Martine dorment encore. Gertrude, qui passe ses vacances avec eux, vient la rejoindre. Elle s'est rendu compte que sa sœur réfléchissait et elle va s'allonger discrètement à l'écart sans mot dire. Henriette sent l'amour que lui porte Gertrude, aussi bien dans le respect du silence que dans la parole. C'est cette complicité du silence qui les soude l'une à l'autre. Les deux frères qui manigancent tout près ont, eux aussi, remarqué le silence et ils se parlent d'une voix presque inaudible.

«Bonjour! Bonjour! s'écrie soudain Laurence, avec Martine dans ses bras. Môman, viens la changer, elle est toute mouillée.»

Et voilà la rêverie qui prend fin. Il faut reprendre le boulot et faire face à la réalité. Gertrude, qui est nouvellement arrivée de Toronto, où elle a travaillé pendant deux ans, recommence à taper sur sa machine. Elle pratique sa dactylo, car elle a l'intention d'obtenir un poste de secrétaire particulière. Elle y met donc toute l'énergie possible. Henriette s'éloigne en chaloupe avec les enfants pour ne pas nuire à sa concentration.

Les visites de Dorila viennent agrémenter la vie des enfants. Cette fin de semaine, il arrive avec Florentine, Raoul, Roméo et Noémie. La présence de cette dernière réjouit Laurence, car la tante et la nièce n'ont que quelques années de différence. Roméo et Raoul viennent pêcher et ils effectuent de menus travaux pour gagner leur pitance. Trois chaloupes sont à la disposition des pêcheurs. Laurence y trouvera une place auprès de ses oncles.

— J'ai emmené les deux garçons pour t'aider parce que les orphelins viendront cette semaine.

— Ah! oui? J'sus contente.

— Il y aura environ quinze enfants et quatre religieuses.

— C'é tu sœur Angélique qui t'a appelé?

— Oui, pis elle a tombé pile, car j'sus passée à la maison qu'une seule fois cette semaine.

— Y faut s'préparer à l'avance.

— Ben, c'é pour ça que j'té emmené les deux garçons, surtout pour les chaloupes.

Henriette se rend au village s'approvisionner en gâteries parce que les religieuses apportent la nourriture nécessaire pour tout le monde. Plus tard, elle ira avec son automobile chercher une partie du groupe, et deux autres automobilistes bénévoles suivront la voiture de la communauté.

Le dimanche précédant cette journée, Élise et ses quatre enfants viennent s'ajouter aux autres membres de la famille. Gilles, son fils aîné, est maintenant un grand garçon de quatorze ans et Henriette l'invite à rester au chalet pour la journée des orphelins. Il ne sera pas de trop pour surveiller le bord du lac et les chaloupes.

Henriette a connu sœur Angélique lors d'un séjour à l'hôpital. Elle l'a entendue déplorer qu'un grand nombre d'enfants n'ait jamais de vacances, même ceux qui avaient des parents. Henriette s'était mise à lui parler du chalet où elle et ses enfants passaient leurs vacances. Une idée germa alors dans son esprit et, depuis plusieurs années, elle reçoit au chalet un petit groupe d'enfants pour ce qu'elle appelle maintenant «la journée des orphelins».

Au jour convenu, Henriette confie à Gertrude le soin de garder les enfants, puis elle part, tôt le matin, pour chercher le premier groupe, suivie par les autres automobiles. À leur arrivée, les enfants sont divisés en trois groupes, un pour Raoul, un pour Roméo et le troisième pour son neveu Gilles.

Les enfants peuvent aller et venir à leur guise sur le terrain ou dans le chalet. Les religieuses, elles, se tiennent à l'intérieur. Des jeux sont organisés: transport de pois à la paille, saut à la corde ou jeux de dards. Henriette distribue les prix aux gagnants. À l'extérieur, une course de chaloupes est en cours, chaque groupe a la sienne et tout le monde s'en donne à cœur joie.

— Est-ce qu'il y a des bleuets ici? demande une religieuse.

— Oui! oui, mère! en haut de la montagne.

Tous les enfants d'Henriette ont répondu en même temps. Ils le savaient, eux, où étaient les bleuets. Gilles s'offre à les conduire sur la montagne.

— J'vous préviens, ma sœur, la montagne est abrupte.

— Si vous avez monté, moi aussi je monterai ben.

Gilles forma un groupe avec cinq enfants et deux religieuses. Lorsqu'ils revinrent, trois heures plus tard, ce fut l'hilarité générale dans le chalet. Une des religieuses raconta en effet qu'elle avait glissé et qu'elle était tombée, jupe par-dessus tête. Le neveu d'Henriette s'était caché pour ne pas voir les culottes de la sœur, en même temps qu'il cherchait à la secourir.

«Dieu qu'il était embarrassé!» dit la religieuse.

Henriette fit des tartes aux bleuets qu'on mangea à la collation de trois heures. Ce n'est que vers les sept heures du soir que les enfants regagnèrent l'orphelinat. Chaque année, cette journée remplissait de joie le cœur d'Henriette et celui des enfants.

«Ils reviendront encore l'an prochain, j'espère.»

Chapitre 11

L'enlèvement

Les vacances achèvent et Henriette prépare le retour en ville. Bérangère, la femme d'Alfred, est venue passer la semaine avec elle pour l'aider. Un soir, Dorila arrive à l'improviste. Henriette connaît son mari et elle sait par son regard que quelque chose ne va pas. Une fois le repas terminé et la vaisselle rangée, chacun va se bercer dans sa grande chaise. Il pleut ce soir, il n'y aura donc ni feu extérieur ni guimauves grillées sur la braise. Dorila demande à Bérangère de surveiller les enfants.

— Moé et Henriette, nous allons marcher, j'ai des choses à lui dire.

— Des p'tits secrets? reprend Bérangère. Partez, moé j'reste dans l'chalet d'abord.

— On va pas loin, on s'ra pas longtemps.

Dorila prend Henriette par les épaules et l'entraîne dehors. Elle se laisse aller mollement, craignant le pire.

— Tu peux t'attendre à un coup dur, ma femme.

— J'sais, j'le sens.

— Aujourd'hui, pâpâ a vendu la maison qu'on a à la Rivière-du-Moulin.

— Tu veux dire «sa» maison? C'te maison-là a jamais été à nous autres.

— Oui, mais c'était comme si a l'était.

— Comme si on était toujours obligés d'dire des menteries, tout le temps des menteries, Dorila. J'sus tannée.

— C'é difficile, hein?

— J'sais pas pourquoi, mais j'ai toujours pensé que ça arriverait un jour, pis c'est ben bon pour lui qu'il l'ait perdue, y avait rien qu'à nous la donner.

Elle a la rage au cœur. Pour mieux reprendre ses esprits, elle s'appuie sur le mur arrière du chalet. Elle est si bouleversée qu'elle se cache le visage et éclate en sanglots.

— Ça fait plus d'un an qu'on n'a pus de contrat.

— Oui, mais quand vous en avez, vous dépensez toute l'argent à tort et à travers.

— J'sais que j'dépense trop, pis que j'boés trop.

— Tu boés pas trop, tu boés comme un trou. Pis vous êtes là tous les trois dans l'bureau, à attendre. L'argent, ça pousse pas dans les arbres.

— Moé, j'vas r'partir à Montréal avec mon *truck.*

— Pis moé, j'vas rester toute seule encore, hein? Ben laisse-moé t'dire, Dorila Brassard, que moé j'vas rester ici, au chalet, et que j'vas m'installer pour qu'il soit habitable à l'année, pis que j'retourne pas en ville.

— Y faut que tu reviennes. Les enfants, eux, y vont à l'école.

— J'irai les reconduire à l'école du village, y s'ront ben icite.

— Tu r'viendras ben quand j'voudrai, par exemple.

— Quand j'pense qu'on a toujours menti au sujet de cette maison-là. Qu'est-ce qu'on va dire, astheure?

— Y a rien qui va changer, on reste là quand même.

179

— Comment ça?

— Le nouveau propriétaire en a pas besoin, y nous la loue; on sera comme avant.

— Comme avant... comme avant. Si la maison n'est plus à ton père, tout l'monde va l'savoir.

Et Henriette se met à rire, d'un rire si fou qu'elle pense qu'elle devient folle.

— Quand j'pense qu'Émérentienne et Lucrèce étaient si jalouses de not'maison.

— Elles sont jalouses de tout, eux autres.

— C'é ça quand on vit sur l'même crochet.

— C'é mieux d'pas rire. Si on faisait faillite?...

Henriette éclate de nouveau de rire, et plus fort encore.

— Faillite... ah! une faillite? Eh ben! Ça serait encore mieux. Finie la jalousie et fini le crochet!

— On dirait que tu l'souhaites.

— J'souhaite moé, qu'on soit nous autres-mêmes, qu'on s'conte pus des menteries. C'é ça que j'souhaite.

Henriette s'essuie les yeux avant d'entrer dans le chalet. Devant Bérangère, ils ne laissent rien paraître. Il faut continuer à faire voir que tout va bien, continuer à mentir.

Le lendemain matin, Dorila repart de bonne heure. Henriette n'est pas encore remise de ses émotions. Elle marche avec ses enfants sur le bord de la route, cueillant des fleurs sauvages. Quand elle est d'humeur massacrante, les enfants «prennent leur trou». Ils le savent qu'il se passe quelque chose. Dans des circonstances comme celles-là, Laurence garde le silence. Elle ne sait pas et elle ne veut pas savoir. Pour Marcel, c'est tout le contraire. Il parle, parle sans arrêt et quand il ne réussit pas à faire rire sa mère, il dit, avec ses lèvres toutes rentrées et en ne prononçant qu'à demi:

«Pas bon humeur, maman?»

Il sait qu'à tout coup, sa mère éclate de rire. Mais ce matin, même les clowneries de Marcel ne marchent pas. Il fait alors «Oh! Oh!» Quant à Jean-Paul, depuis son accident, ses maux de tête le font souffrir et il a de la misère à s'endurer lui-même.

— Si vous voulez, les enfants, demain on va aller escalader la montagne d'en face.

— Oui... youpi! youpi!

Il faut qu'Henriette s'occupe, sinon elle va éclater. Comme toujours, elle a trouvé le moyen de chasser loin de ses pensées ce qui la préoccupait. Devant une épreuve ou un malheur, elle avait cette facilité de transfert avec les choses de la vie, elle savait compenser. Il ne lui suffisait que d'un instant, une journée, ou une nuit, selon la gravité du cas.

«Ouais! les enfants, demain, nous allons manger un steak sur la montagne.»

Bérangère refuse de les suivre mais le groupe part quand même.

«Toi, Laurence, tu porteras ta p'tite sœur, Marcel le *pack-sac*, et moé le poêle à gaz et le *sleeping*.»

Sur la route, tout va bien ainsi que sur le sentier qui conduit à la montagne. Tout le monde peut marcher facilement. Les trois enfants se laissent guider par une mère désemparée. Elle ne sait pas où elle s'en va.

Vue de près, la montagne est plus abrupte qu'elle ne le pensait. Portant Martine sur son dos, Laurence avance péniblement. Le sac que Marcel transporte s'accroche souvent aux branches des arbres. Henriette se faufile difficilement avec son réchaud à gaz et le sac de couchage. On avance d'un pas pour en reculer de deux.

— Si vous voulez, les enfants, on peut revenir au chalet.

— Non! non, môman. On y va, c'est plaisant.

Ce n'est qu'au bout de quelques heures qu'ils arrivent à destination. Enfin, ils sont au bout de leurs peines. On ramasse des branches, on installe le réchaud et on sort la nappe du sac. Les enfants étendent la nappe par terre et y disposent les assiettes et les ustensiles. En attendant le repas, on s'assoit ou on court dans la clairière. Martine, qui se traîne plus qu'elle ne marche, s'approche d'Henriette avec des bleuets dans sa petite main.

— Hé! les enfants! Y a des bleuets. Regardez, Martine en tient dans sa main.

— J'vais en ramasser dans mon verre, reprend Laurence.

Et chacun part à la recherche des bleuets pendant que leur mère fait cuire les steaks dans le petit poêlon emporté à cet effet.

«Venez, les enfants, venez manger vot'steak, dit Henriette quand tout est prêt.»

Toute la famille mange avidement cette nourriture au goût d'aventure. Après le repas, on repart avec des contenants pour les remplir de bleuets, puis on amorce la descente vers le chalet. Ce n'est qu'à la fin de la journée que le périple prend fin. Pendant ces longues heures,

Henriette avait chassé loin de sa pensée les choses qu'elle avait apprises la veille.

Deux semaines plus tard, on revient à la ville pour reprendre la vie normale. Dorila confirme son départ pour Montréal. On construit un tout nouveau système routier dans la région et le travail y abonde. Il part donc en compagnie d'un autre ami camionneur. Une fois sur place, il informe sa famille de son adresse et de son lieu de travail. Il loge dans un petit motel, sur le bord d'une route en construction dans les Cantons de l'Est.

Après plusieurs semaines, Henriette téléphone à son mari pour lui annoncer qu'elle ira le visiter avec tous les enfants. Depuis quelque temps, quand il téléphone à sa femme, Dorila se plaint de ses employeurs. Il n'aime pas ce qui se passe autour de lui et Henriette soupçonne quelque chose de louche.

La famille part de bonne heure le matin et se retrouve à Waterloo vers six heures du soir, après avoir cherché l'endroit pendant plusieurs heures. C'est un coin perdu au fond de nulle part. En entrant dans la chambre, elle retrouve Dorila avec son ami.

«Je t'attendais», dit-il.

Henriette s'approche et l'embrasse. Les enfants en font autant, il sont tous contents de se retrouver.

«Les enfants, on va tous manger au restaurant», dit Dorila.

Guy, son ami, ne veut pas trop déranger.

— J'viendrai pas coucher ici, ce soir. Partage la chambre avec ta famille.

— Merci pour ta discrétion. Salut! À demain.

Les enfants sont heureux du voyage et heureux de raconter à leur père les derniers événements de leur vie. Ils veulent tous parler en même temps.

— Ça fait du bien d'les voir si joyeux, pis j'sus content que vous soyez venus, y faut que j'te dise qu'ici, ça va mal.

— Ça va mal depuis un bon bout d'temps hein?

— Oui, mais là j'sus pris dans une affaire pas très catholique.

Et Dorila raconte à Henriette qu'il est impliqué dans une affaire concernant le syndicat des camionneurs américains. Celui-ci les force à frauder les entrepreneurs et le gouvernement en facturant des voyages non livrés. Dorila s'en fait un cas de conscience et refuse d'entrer dans leurs combines. Après le repas, Dorila continue son histoire abracadabrante sur la route qui les amène au motel.

185

«Si je ne rentre pas dans leurs jeux, dit-il à sa femme, je suis mieux de quitter la région.»

L'automobile roule lentement. Dorila quitte la grand-route pour s'engager sur un chemin de gravier.

— Regarde, c'est ici qu'on amène le sable pour faire les routes.

— Ce sont des gros travaux.

— Ah! ça oui! Y en a pour des années.

— Peux-tu rester longtemps sur ces travaux-là?

— Ça dépend.

Mais Henriette remarque que le bébé est déjà fatigué.

«Ramène-nous à la chambre, Martine s'endort.»

Et la visite touristique prend fin rapidement. En revenant sur la grand-route, ils croisent une grosse *Cadillac* blanche qui les frôle de près. Henriette crie:

«Qu'est-ce que c'est, c'fou-là?»

Dorila donne un coup de volant et, en appuyant sur l'accélérateur, il fait faire un tête-à-queue à la voiture et revient vers le motel.

— Pâpâ, crie Marcel, regarde, y nous suivent.

— Laisse-les faire. Y se sont trompés.

Dorila regarde souvent dans le rétroviseur, il semble inquiet. Il est vrai que la grosse *Cadillac* semble les suivre. Il accélère donc l'allure pour arriver au plus vite. Une fois rendue, toute la famille entre dans la chambre et ferme la porte à clé derrière elle. Henriette prend Martine et lui met son pyjama tandis que les trois autres mettent aussi le leur. Dorila s'étend sur le lit en disant:

«J'en peux pus.»

Soudain, un coup violent donné sur la porte fait sauter la serrure comme s'il s'agissait d'un simple crochet. Deux hommes se plantent devant eux, l'air un peu surpris d'apercevoir toute la famille réunie. Henriette pense qu'ils se sont trompés, qu'ils cherchent une autre personne. Un des deux hommes s'approche de Dorila et lui montre la porte en disant:

«Suis-nous.»

— Mes enfants? Ma femme? dit Dorila.

— Ils viennent avec nous.

Henriette crie «non» mais l'autre gorille lui met aussitôt la main sur la bouche et l'entraîne vers la porte. Les enfants, figés au début par la scène, se mettent à pleurer tous en même temps.

— Taisez-vous, crie l'un des hommes.

— Y faut emmener toute la famille, maintenant, dit l'autre.

Ils ne savaient pas que Dorila recevait sa famille. Donc c'est bien à lui qu'ils en veulent. Un des hommes garde sa main dans sa poche et Henriette craint que ce soit un revolver. Les enfants sont terrifiés. Ils viennent se coller à leur mère l'un après l'autre. Quand ils sont tous sortis de la chambre, les hommes les font monter dans la *Cadillac*. Après avoir lié les mains de Dorila, ils le poussent brusquement dans le fond de la voiture. Henriette serre contre elle ses quatre enfants et leur fait signe de se taire. Le chauffeur démarre. Il fait trop noir maintenant pour savoir où l'on va. Les dents serrées, Dorila se raidit et donne un coup de pied dans le dossier du siège avant. L'homme qui est assis à côté du chauffeur lui dit:

«Aie, l'ami! Tiens-tu à ta femme pis à tes enfants? Y vaut mieux te t'nir tranquille.»

Dorila se renfrogne aussitôt dans le fond de l'auto et attend. Henriette, qui a repris ses esprits, dit:

— Que voulez-vous de nous? On a rien fait.

— Pas vous, mais vot'mari, y cabale auprès des gars pour les empêcher de signer ce que l'boss demande.

L'automobile s'arrête enfin dans un endroit très sombre, presque noir. Tout le monde descend. Martine se met à pleurer, elle est fatiguée. Les deux mains entre les jambes, Jean-Paul tremble, il demande à faire pipi. Marcel et Laurence sont calmes.

Les deux hommes se retirent à l'écart pour se consulter. Henriette entend difficilement ce qu'ils disent. Il y en a un qui urine en parlant et ça couvre le bruit de leur conversation. Celui qui, selon elle, a le revolver, vient près de Dorila et lui demande de lui citer des noms. Celui-ci en donne quelques-uns, des hommes qu'Henriette ne connaît pas.

«Laissez-nous partir, demande Henriette. On va retourner à Chicoutimi. On dira rien à personne.»

Et Dorila de renchérir:

«Si vous voulez, on peut repartir tout de suite ce soir, pis vous entendrez plus jamais parler de moi.»

Mais un des deux hommes crie:

«Entrez dans ça.»

Il fait tellement noir qu'on avance à tâtons. L'un des hommes, qui marche en avant, allume son briquet pour pouvoir ouvrir la porte. Une femme trapue appuie sur le commutateur pour donner de la lumière et dit:

— Ben, tu m'avais dit un homme, pas sa famille.

— Hein! dit son comparse en haussant les épaules, moi non plus, j'savais pas.

— Qu'est-ce qu'on va faire d'eux?

— J'sais pas, Charly va téléphoner au boss. C'est pas moé qui décide.

Jean-Paul demande de nouveau à faire pipi. La femme le conduit aux toilettes, puis le ramène nerveusement. En voyant la petite Martine qui somnole la tête appuyée sur l'épaule de sa mère, elle propose à la famille d'aller s'asseoir au salon. Ils se déplacent tous ensemble, comme pris dans un bloc de glace.

L'homme au revolver retient Dorila dans le corridor et Henriette s'assoit avec les enfants collés aux fesses. Elle a peur. Elle commence à penser que leur vie est peut-être en danger. L'autre homme est en train de téléphoner. Henriette croit entendre le nom Catouni, mais elle n'en est pas certaine. La femme est nerveuse. Elle se frotte les mains, puis les passe dans ses cheveux tirés vers l'arrière. «Elle a environ quarante ans, pense Henriette, les deux hommes aussi, d'ailleurs.»

— C'est vot'maison? demande Henriette.

— Oui, répond la femme.

Mais elle se pince les lèvres après un regard vers l'homme qui retient Dorila dans le corridor et qui lui fait signe de se taire. Celui qui est encore au téléphone parle de plus en plus fort, assez fort, en tout cas, pour qu'on l'entende.

«Oui, j'vous dis, toute une famille, une femme et quatre enfants. Oui. Qu'est-ce qu'on en fait?»

Après une longue conversation entre-coupée de oui et de non, l'homme du télé-phone revient en disant à son complice:

«Toé, tu restes ici avec eux autres, moé, j'vais rencontrer le boss.»

Quand il fut sorti, Henriette demanda à son tour à aller aux toilettes. Laurence et Marcel disent «moi aussi» en même temps, et tous se dirigent vers les toilettes, les enfants collés à leur mère. La femme les suit. Très mal à l'aise, Henriette réussit, tant bien que mal, à s'asseoir et à uriner, tout en tenant Martine sur son épaule. Ensuite vient le tour de Laurence, puis celui de Marcel, puis Jean-Paul à nouveau.

«Madame, dit Henriette, si vous voulez me prêter une serviette ou une guenille, j'vais changer la p'tite.»

La femme sort une serviette éponge de l'armoire et la présente à Henriette. Ensuite, ils reviennent tous vers le salon. Dans le corridor, Henriette jette un coup d'œil à Dorila tout en plaçant son doigt sur sa bouche en signe de silence. Son mari lui fait le même signe et elle retourne s'asseoir à sa place. Elle reste là, sans broncher, pendant des heures, la petite Martine endormie sur son épaule et Jean-Paul sur ses genoux. Laurence et Marcel sont par terre, la tête appuyée sur le bord du fauteuil. Dorila est resté debout avec l'homme au revolver. La femme les fixe continuellement. Henriette pense qu'elle aussi a dû dormir mais par sauts, par buttes.

Ecrasée par les enfants, c'est à peine si Henriette peut bouger. Tous ses membres sont engourdis. Elle se dit que s'ils ont à mourir, c'est heureux qu'ils le fassent ensemble. La nuit lui paraît interminable. On attend toujours l'autre homme. Parfois, elle désire qu'il revienne et parfois, elle souhaite qu'il ne revienne pas. Elle devine que c'est lui qui décidera de leur sort. La femme qui les surveille semble ne plus être là, tellement elle est froide et stoïque. Elle reste immobile, ne manifestant aucun signe de vie. Elle a les traits tirés, le teint blafard.

«Est-elle la femme de l'homme au revolver? Ou de celui qui se prénomme Charly? se demande Henriette. Allez savoir.»

Henriette n'ose pas bouger de peur de réveiller les enfants qui sont toujours collés sur elle. Il est quatre heures du matin, mais comme les rideaux du salon sont tirés, on ne peut voir si le jour se lève. De là où elle est, Henriette peut apercevoir Dorila qui dort assis sur le plancher du corridor. L'homme au revolver semble dormir, lui aussi. «Si on pouvait s'enfuir?» se dit Henriette. Mais comment? Charly est parti avec la *Cadillac* et elle ne sait même pas où ils se trouvent. Est-ce qu'il y a des maisons autour? Sont-ils en plein champ? Soudain, on entend le bruit d'un moteur. Est-ce la *Cadillac?* Et Charly revient-il seul? Autant de questions qu'Henriette se pose sans trouver la réponse. Elle entend alors le crissement des pneus dans l'allée.

Une porte se ferme, seulement une, donc, Charly revient seul. Il en a mis du temps! Une prière monte dans son cœur:

«Mon Dieu, sauvez-nous.»

193

Les pas se rapprochent de la porte. «Que feront-ils de nous? se demande Henriette. Mon Dieu, venez nous chercher», ajoute-t-elle et elle récite, dans son for intérieur, son acte de contrition.

Charly entre. En voyant son partenaire endormi, il lui lance:

«Qu'est-ce que tu fais? Heureusement que tu as affaire à des gens pas trop malins sinon y seraient partis.»

Tout en parlant, il donne un coup de pied à Dorila qui, en se réveillant, jette un coup d'œil vers le salon. Il regarde ensuite ses mains qui sont encore liées. Charly dit à l'autre:

— Ramène-les au motel, on s'est trompé, ce n'est pas l'homme qu'on cherche.

— Comment ça? Où est celui qu'on doit ramener?

— Mort, dit Charly.

— Mort? Qui l'a tué?

— Le boss. Cet homme ne fait même pas partie du Syndicat des camionneurs associés du Canada. Il logeait dans la chambre voisine de celle de l'homme que l'on cherchait. C'est pour ça qu'on l'a pris pour l'autre.

Henriette se demande encore s'ils se sortiront vivants de cette galère. Ils en savent beaucoup maintenant. Dorila est mort de peur. Il supplie:

«Laissez-nous partir. J'vais m'en r'tourner à Chicoutimi, pis vous entendrez plus parler d'moé.»

— Charly lui donne un autre coup de pied.

«Va-t'en, maudite pâte molle, pis que j'te vois pus par icite.»

Henriette se lève, la femme aussi. Avec ses mains, elle leur fait signe de s'en aller. Réveillés par les voix, les enfants suivent leur mère. Charly donne les clefs à son comparse en disant:

«Va les reconduire au motel et surveille-les bien pour qu'ils repartent dans leur village.»

Le retour se fit en silence. Henriette devine qu'ils sont en campagne. En chemin, ils croisent les travailleurs sur la route. Les camions circulent avec leurs voyages de gravier prêts à décharger pour faire le nouveau pavé. Enfin, on arrive au motel. On aperçoit l'automobile stationnée devant, là où Henriette l'avait laissée en revenant du restaurant. Le camion est parqué derrière. L'homme accompagne la famille jusque dans la chambre. Il les regarde ramasser leurs bagages, ce qu'ils font rapidement. Dorila, qui a toujours les mains liées, assiste à la scène impuissant, la tête baissée.

«Détachez-le, dit Henriette, y f'ra rien, j'vous jure.»

L'homme s'exécute. Dorila prend sa valise, y met ses affaires, puis il sort et se dirige vers son camion pendant qu'Henriette monte dans la voiture avec les enfants. Elle démarre aussitôt et prend la route, tout en surveillant si Dorila la suit avec son camion. Laurence est assise en avant avec Martine alors que Marcel et Jean-Paul sont en arrière. Tout le monde garde le silence pendant que la voiture roule lentement en direction de la route 9 et de Québec. Il n'est que six heures du matin mais les enfants demandent à manger.

«Non, dit Henriette, il vaut mieux s'éloigner de cet endroit maudit avant d'arrêter pour pouvoir se parler sans crainte.»

En s'engageant sur la route 9, elle aperçoit un panneau indicateur annonçant: Saint-Hyacinthe, 20 milles.

— Regardez, les enfants, nous allons manger à Saint-Hyacinthe.

— Ah oui! Youpi! on a faim!

Tout le monde éclate de rire dans la voiture, la tension est tombée. Henriette stationne l'auto sur le bord de la route et fait signe à Dorila d'arrêter. Celui-ci descend du camion, puis il se prend la tête à deux mains et se met à pleurer. Henriette se jette dans ses bras et les enfants s'avancent chacun leur tour pour en faire autant.

— Mon Dieu, mon Dieu, qu'est-ce qui nous arrive?

— Une chance que t'étais là. Tout seul, j'étais un homme mort.

— Mais moé, j'étais morte de peur.

— Vous m'avez sauvé. Sans vous, y m'auraient tué tu suite.

— En tout cas, y ont resté surpris quand y ont vu la famille.

— Bon, on repart pis on va s'arrêter manger à Saint-Hyacinthe.

— Et ensuite, Chicoutimi direct.

Après le repas, Henriette fait quelques achats pour que les enfants aient quelque chose à grignoter dans la voiture. La bonne humeur est revenue. On arrête quelquefois dans un parc pour se dégourdir les jambes et satisfaire ses besoins naturels. Intérieurement, Henriette adresse des prières à Dieu pour le remercier de les avoir protégés.

Chapitre 12

La faillite

Autant l'entreprise familiale d'Albert avait, pendant un certain temps, exécuté de grands travaux qui l'avaient rendue prospère, autant ces travaux se font rares depuis un an. Dorila végète toujours auprès de son père et ce n'est qu'en faisant de petites «jobines» qu'ils réussissent à tenir le coup. François, le gendre, a pris une autre direction. Gilles s'est trouvé du travail comme grutier dans la région de Chibougamau-Chapais. Jean, qui a terminé ses études de comptable depuis deux ans, est venu à son tour se joindre à l'entreprise, mais il a vitement pris conscience de l'ampleur de la débandade.

Depuis que Dorila en a pris la direction, il n'a pas réussi à établir sa crédibilité et à se gagner l'estime des plus importantes compagnies.

Et pour ce qui est des contrats du gouvernement, depuis le balayage de l'Union Nationale par l'équipe de «Ti-Jean Lesage», les «Rouges» ont tassé les «Bleus», et plusieurs se sont retrouvés le bec à l'eau, quand ce n'était pas le cul sur la paille. Dorila bouclait ses fins de mois en faisant des creusages de caves. Cela lui avait donné l'idée de se faire construire une maison dans un nouveau quartier.

C'est le mois de mai. La nouvelle maison sera prête en septembre, pour la rentrée des classes. Laurence commence son secondaire et Marcel est encore au primaire. Jean-Paul aura cinq ans, et Martine deux ans. Malgré leur insécurité financière et la déstabilisation de la famille, Henriette réussit toujours à maintenir une atmosphère calme et sereine dans son foyer. Il lui faut encore cacher leur situation précaire et vivre de l'espoir que son mari remonte la pente et se remette à flot.

Pour combler le manque à gagner, Dorila repart pour Montréal avec son camion. Mais, cette fois-ci, il travaillera pour un entrepreneur régional. Ainsi, il risque moins de tomber dans les griffes de la pègre, comme c'est arrivé la dernière fois.

À cause de la construction de la maison, la famille devra sacrifier le séjour au chalet pour cet été. On s'y rendra que les fins de semaine.

Maintenant que les enfants sont grands, ce sont eux qui apportent à leur mère bonheur, sérénité et courage. Leur père, toujours absent, ne comble plus leurs besoins affectifs, pas plus qu'il ne s'intéresse à leur évolution physique et mentale. Le mirage du bonheur s'éloigne un peu plus à chaque effort qu'Henriette fait pour l'atteindre. L'absence de son mari pèse aussi lourdement sur elle que sur ses enfants. L'amour, la tendresse et la complicité amoureuse se sont envolés.

Sous une chaleur torride qui lui fait regretter les brises fraîches de la campagne, tout l'été, Henriette surveille les travaux de la nouvelle maison. Mais la récompense vaut l'effort fourni. Posséder sa propre maison, quelle satisfaction! Vivre enfin dans la réalité, le concret... Ne plus avoir à mentir en parlant de sa maison comme elle l'a fait depuis onze ans, quel soulagement!

Le déménagement s'effectuera un samedi. Henriette espère, comme toujours, que son mari sera présent mais ses espoirs sont parsemés de doutes. Elle prévoit même devoir engager un ami camionneur alors qu'elle fera appel à sa famille pour fournir «l'huile de bras». Il y aura Alfred, Raoul et Roméo, plus un ami des trois frères, ainsi que Florentine, Noémie, Laurence, Bérangère et Henriette, évidemment.

Deux équipes sont formées, une à la nouvelle maison et l'autre à l'ancienne. Le signal du départ est donné à sept heures du matin. Chacun a sa tâche précise. Lorsque Dorila arrive, vers deux heures de l'après-midi, tout a été déménagé, lavé et replacé. Rien n'y paraît, toute la maison est rangée et astiquée. Roméo passera une semaine de plus avec eux pour laver les vitres et cirer les tuiles du plancher. Tout le monde, Florentine surtout, n'a de compliments que pour Dorila.

— Quelle belle maison! Tu es chanceuse, ma fille.

— Oui, hein, môman?

— C'est à elle, cette maison, reprend Dorila.

Henriette ne dit pas un mot, mais elle a le goût de dire «enfin»...

C'est une maison de style bungalow, finie en briques sur les quatre côtés, avec un toit en pente. La façade mesure quarante-deux pieds et elle comporte deux fenêtres au niveau des chambres, une large porte d'entrée, plus une *bow-window* qui fait saillie sur une base ajoutée. L'allée, à droite de la maison, conduit jusqu'à la porte arrière. En entrant par cette porte, on se retrouve sur un palier qui mène à la salle à manger, trois marches plus haut. Le hall d'entrée, lui, donne sur le salon éclairé par la grande fenêtre *bow-window*. Un divan «chesterfield» fait face à la fenêtre avec, sur la droite, le piano qui occupe la place d'honneur. Sur le mur le plus long, un meuble bas complète le décor, rehaussant la beauté des lieux.

Le salon s'ouvre sur la salle à manger, meublée dans un style ancien. L'ameublement avait été donné par Bernadette et Albert qui l'avaient changé pour du plus moderne. La cuisine est équipée de tous les accessoires les plus modernes, y compris le broyeur à déchets.

La chambre des maîtres est meublée d'un mobilier tout neuf comprenant, entre autres, un bureau triple de sept pieds. C'est la chambre la plus vaste. Celle de Laurence et Martine n'est pas aussi grande mais elle est aussi confortable. La chambre des garçons, de moindre dimension, comprend des meubles simples qui lui donnent l'aisance voulue pour leurs jeux.

Le sous-sol comprend trois autres chambres de même qu'une salle de bain avec douche. Une salle d'amusement et un coin de lavage complètent cette maison solide et moderne.

Une fois Florentine partie, Dorila ne parle plus que de la vendre. Il dit qu'ils n'ont pas les moyens d'y vivre.

— Pourquoi tu l'as faite construire, d'abord?

— Parce que le contracteur me donnait du travail.

— Quel travail?

— J'ai creusé tous les solages du quartier. Ça payait une partie de la maison.

— Ah! c'est donc ça?

— On va la vendre.

— De toute façon, y faut s'loger quèque part.

— En tout cas... on verra.

Dorila repartit encore une fois pour Montréal, laissant sa femme décontenancée, troublée et effrayée de perdre ce qu'elle avait espéré depuis si longtemps.

Dans la même semaine, les enfants recommencent l'école. Tout se calme et se tasse dans son esprit et elle profite de sa nouvelle solitude pour faire des projets de décoration. Elle voudrait bien donner une âme à sa nouvelle maison, malgré le doute que Dorila a semé dans son esprit en partant.

«Mon Dieu, j'veux pas perdre ma maison.»

Elle d'habitude si pieuse et si croyante, la voilà qui se met à douter de son Dieu.

«Je l'ai toujours prié de toute mon âme et de toutes mes forces. Est-ce qu'Il m'abandonnerait?»

Pour elle, perdre sa maison, c'est l'abandon.

Ces journées de solitude et de réclusion la font réfléchir, non seulement sur l'amour de son Dieu, mais aussi sur celui qu'elle a pour son mari. Elle jette un regard intérieur sur ses sentiments. «À quoi me sert-il de gagner le monde si je perds mon âme? Mon âme... je la vendrais volontiers pour garder ma maison».

Elle est tellement paniquée à la pensée que son mari la lui enlèverait qu'elle est prête à tout. Elle en fait le tour et pleure dans chaque pièce. Revenant dans sa chambre, elle se jette à genoux et crie: «Mon Dieu, je veux ce que vous voulez, mais laissez-moi ma maison. Je vous le demande, ô mon Dieu!»

Elle veut bien se remettre à la volonté de Dieu mais, en même temps, elle désire aussi que la sienne soit exaucée. Depuis qu'elle peut à nouveau le faire, elle prie son Dieu d'amour et elle l'implore dans chacun de ses désespoirs. Il ne peut pas, il ne doit pas l'abandonner.

Quand la petite Martine vient la rejoindre et qu'elle la voit pleurer, elle s'agenouille, elle aussi, en croisant ses deux petites mains sur le bord du lit et elle se met à marmonner, cherchant à imiter sa mère dans la prière.

Au mois d'octobre, Dorila revient de Montréal, accompagné d'un camarade de travail. Ils sont déjà à moitié saouls, à leur arrivée. Dorila fait son jars en présentant sa femme et ses enfants. Henriette flaire le danger, elle a encore en mémoire ce qui s'est passé au chalet avec monsieur Batim. Elle se tient donc droite et réservée, craignant le pire. Surtout que son mari lui a dit en lui présentant cet homme qu'il était le contremaître des travaux. Se tournant hypocritement vers elle, il lui a dit sur un ton presque inaudible:

«Si tu veux garder ta maison, t'as besoin d'être fine.»

Henriette sent son corps se raidir et ses mains se glacer. Elle s'efforce de ne rien laisser paraître de sa peur et elle prépare un souper copieux. Elle parle constamment à leur invité, lui racontant n'importe quoi, s'intéressant à ses travaux comme lui à son repas, allant de la cuisine à la salle à manger, et du salon à la cuisine. Elle parvient ainsi à maintenir une conversation vive et enjouée pendant que son mari verse et reverse du gin.

Elle sert un délicieux repas, gardant les enfants à table le plus longtemps possible. Si bien que la soirée se prolonge et, qu'à la fin, après vin et digestifs, les deux hommes sont si saouls qu'il faut les coucher. Henriette ne dort que d'un œil et sur une seule oreille. Elle a si peur que lorsque son mari la prend férocement, elle ne bouge pas. Il s'est soulagé sur elle comme sur une putain. Elle comprend alors qu'il lui en veut d'avoir trop animé le repas de la veille.

Le lendemain matin, ils sont debout très tôt. Pour ne pas être seule avec les deux hommes, son mari lui faisant plus peur que l'autre individu, elle colle un enfant à ses trousses, trouvant ainsi un sauf-conduit qui la protégera. Lorsqu'ils repartent après le repas du midi, elle est soulagée, contente de les voir disparaître. Mais Dorila lui serre le bras en lui lançant:

«Ma crisse, tu m'auras pas tout l'temps.»

Henriette est déçue et effrayée à cause de ce qu'elle subit de la part de celui qui lui sert de mari. Il est tellement dominé par l'argent et la boisson qu'il est prêt à vendre sa femme. Mais elle, dans tout ça? Elle perd tout courage et comprend que l'amour qu'elle portait auparavant à cet homme s'est effrité. Traquée par la peur, elle songe sérieusement à le quitter mais, un mois plus tard, elle apprend qu'elle est enceinte.

Dorila revient pour les fêtes parce que les travaux ont été interrompus pour l'hiver. Enceinte, Henriette est de nouveau hospitalisée mais elle se sent protégée.

Quand elle est enceinte, en effet, son mari la laisse tranquille autant physiquement, que sexuellement. Cela la rend si sereine qu'aucune action négative ne peut l'atteindre. Seule la peur du qu'en-dira-t-on rend la raison à Dorila. C'est la seule menace qui puisse le ramener à la réalité. Henriette a appris à jouer le jeu et cette attitude la protège. Tous les deux sont de sacrés menteurs.

Henriette a trente-quatre ans et elle est enceinte de son cinquième enfant, mais son avenir est aussi incertain que celui d'un oiseau. L'entreprise familiale d'Albert s'en va vers la faillite et Dorila maudit le destin.

— Prie, Henriette, dit-il.

— J'sus pus capable de prier.

— Si tu m'laisses tomber, j'sais pas c'que j'vas d'venir.

— J'ai prié pour tellement de choses dans ma vie que j'ose pus rien demander à Dieu.

— Ça prend un miracle, Henriette.

— Dieu m'a toujours protégée. Y nous abandonnera pas.

Mais, au fond d'elle-même, il y a comme une petite cloche qui sonne et qui l'angoisse, il y a une voix qui lui dit que toute la famille va sombrer.

Elle ne prie que du bout des lèvres. En réalité, cet homme qui boit et la bat ne mérite ni sa protection ni ses prières.

— Va chez l'diable. Quand t'as gagné ben d'l'argent, t'as bu et dépensé sans compter. Maintenant, endure.

— Mais, quand j'serai pauvre, toé aussi tu vas l'être.

— Moé, mon mari, tu m'as mariée pauvre, donc, je r'viendrai comme avant.

— Ma crisse, c'est ça qu'tu veux, hein?

— Non, j'veux pas ça, mais tu m'feras pus prier pour tes bêtises.

Dorila reste pantois devant les paroles de sa femme.

— Tu m'as jamais dit que j'buvais trop.

— J'ai toujours pensé que t'étais assez grand pour savoir quoi faire.

— Ca m'aurait peut-être arrêté.

— Ben, je l'ai pas fait, pie y é trop tard maintenant. J'ai toujours pensé que t'arrêterais

toi-même. Je t'ai respecté dans ton comportement.

— Sors pas tes grands mots. J'sais que t'en
manques pas.

— Si tu veux rire de mes grands mots,
trime-toé tout seul.

— T'as tout le temps le dernier mot.

— C'est ma seule défense, les mots. Parce
que physiquement, j'sus pas capable. D'ailleurs,
jamais je m'abaisserai à fesser sur quelqu'un.

— Tu t'prends pour une grande dame,
hein?

— Oui, t'as raison. Dans mon cœur et dans
mon âme, je suis grande. C'est pour ça que mes
parents, malgré leur violence, ont jamais réussi
à m'anéantir.

— J't'aurai ben, un jour, ma crisse.

Henriette ravale sa rancœur et va s'asseoir
au salon. On peut bien leur prendre toutes les
choses matérielles qu'ils ont, mais personne ne
pourra lui prendre sa vie, ni son esprit. Personne ne pourra l'empêcher de penser. Elle
méprise son mari parce qu'elle le voit encore
accroché à son père, même s'il sait que la faillite est proche.

Tout l'hiver, Dorila et son demi-frère écha-
faudent des plans pour essayer de se sortir du

désastre. Jean est inquiet. Il se marie à l'été et le peu d'argent qu'il a réussi à amasser pour son mariage a été englouti dans la compagnie. Il en est de même aussi pour l'argent que Bernadette avait retiré lors de la vente de ses terrains. Henriette, qui a accumulé les allocations familiales de ses enfants avec les intérêts, n'ose en parler. Elle attend, elle veut voir venir les coups durs. Elle sait que tout ne tient qu'à un fil.

Jean vient leur rendre visite et se confie à Dorila.

— J'sais pas comment j'vais récupérer mon argent pour mon mariage.

— Un contrat, un seul petit contrat, pis t'auras ton argent.

— Si jamais tu peux pas te renflouer, je t'aiderai, reprends Henriette.

Voilà, le morceau était lâché. Elle allait, elle aussi, engloutir les quelques milliers de piastres qu'elle avait amassés une par une. Mais la folie, ça se communique.

La future femme de Jean ignore tout des difficultés de la famille Brassard. La pauvre, elle aura des surprises, comme Henriette en a eu lors de son mariage. Elle saura bien assez vite que la famille est plus pauvre que riche, que tout est caché et que leur richesse n'est que simulation.

En mai, Laurence, qui est alors âgée de quatorze ans, organise une fête à l'occasion du quinzième anniversaire de mariage de ses parents. Les deux familles sont présentes et la fête est réussie. C'est Laurence aussi qui, un mois plus tard, prend soin de la maison quand Henriette accouche de son cinquième enfant, une petite fille.

Cet été encore, la famille sera privée d'un long séjour au chalet à cause du jeune bébé. Pendant tout ce temps, Dorila essaye, tant bien que mal, de faire tourner la compagnie. Il se démène comme un diable dans l'eau bénite pour faire vivre sa famille. Henriette n'entend que lamentations et grincements de dents. Dorila devient triste et amer, Henriette aussi.

À l'automne, comme on s'y attendait, la compagnie déclare faillite. Dorila, qui est resté accroché à son père jusqu'à la dernière minute, en subit le contrecoup. Il se laisse tomber dans un sombre marasme. Il trouve sa seule consolation dans la bouteille; elle est devenue pour lui une compagne, une comparse et une maîtresse. Il boit presque jour et nuit, ne connaissant que l'ivresse des bas-fonds.

Il végète comme ça tout l'automne et quand approchent les fêtes, il s'engage avec son camion pour aller charroyer de la «pitoune» dans le bois, comme au début de son mariage.

Henriette a l'impression de revenir quinze ans en arrière mais, au fond, elle a hâte de voir partir son mari. L'atmospère familiale est devenue irrespirable.

En attendant ce départ, elle prépare une fête monstre, invitant les deux familles, les tantes, les oncles et les amis. Tout le monde y passe. C'est comme si elle voulait donner une soirée d'adieu, une soirée dont on se souviendrait longtemps, mais la dernière. Quelque chose lui dit qu'il n'y en aura plus de pareilles. Les invités dansent, jouent aux cartes, chantent et boivent pendant deux jours. La soirée tourne en noces à «Tobi».

Jamais, depuis le temps de monsieur Batim, Henriette n'a vu autant de boisson alcoolique. Et elle qui ne boit pas s'amuse à ramasser les verres et à compter les quantités d'alcool absorbées. En deux jours et une nuit, il s'est pris deux cent soixante onces d'alcool, de gin et de cognac, sans compter la bière. L'oncle Roméo, qui est venu fêter avec tante Antoinette, a demandé à Dorila:

«Coudon, toé, as-tu un robinet de bière collecté dans la cave?»

Tout le monde applaudit Dorila et lui chante: «Y en a pas comme lui». Henriette rit avec le groupe mais, au fond d'elle-même, elle sait que c'est la dernière fois qu'une réunion aussi grandiose a lieu chez elle. Pendant ces deux jours de réjouissances, elle sert un chaudron de fèves au lard, une tourtière du Saguenay, une dinde de vingt livres, un ragoût de pattes de cochon, cent petits pâtés à la viande, quatre pains de sandwichs, des hors-d'œuvre, cinq pommes de salade, dix plateaux de canapés, soixante mokas faits à la maison, deux seaux de petits biscuits «frigidaire», cinq livres de sucre à la crème et autant de chocolats et de bonbons, cinq paquets de chips, des arachides, des bretzels et une caisse de boissons gazeuses.

Elle est restée debout pendant tout ce temps, servant boissons et nourriture, offrant tout ce qu'elle avait fabriqué de ses mains. De temps en temps, Laurence s'installe au piano et, à son tour, elle amuse la galerie pendant que d'autres jouent aux cartes, levant et frappant leurs verres chaque fois qu'ils gagnent une partie.

Il y a si longtemps que cela dure qu'Henriette ne s'appartient plus, elle ne sait plus à quel saint se vouer. Comment savoir la place qu'elle occupe vraiment dans tout ce charivari? Sont-ils venus fêter avec elle ou avec Dorila? Qu'est-elle à leurs yeux?

«Demain, c'est le départ de Dorila. Qui viendra me rendre visite quand je serai seule avec mes enfants?»

Ceux qui sont de la fête ce soir ne reviendront qu'au retour de Dorila, sauf une seule personne: sa sœur Luce, cette Luce si fidèle qui ne l'abandonne jamais. Pour le moment, chacun se retire en lui donnant de grandes claques dans l'dos et en disant

«T'é chanceuse, Henriette. T'as un homme de party.»

Elle sourit et, comme toujours, elle acquiesce d'un signe de tête. Le lendemain de cette fête, et donc le jour du départ, elle analyse les dégâts avec stupéfaction. Les deux salles de bain sentent l'urine, les murs sont éclaboussés, le divan et le tapis du salon portent des traces de brûlures et une partie du meuble stéréo a été arrachée. Aucune pièce n'a été épargnée. Elle parcourt sa maison d'un pas lourd, en touchant les meubles et en pleurant doucement. Ses larmes coulent... coulent, incapables de lui apporter une consolation ou un refuge. Elle voudrait crier... crier... mais vers qui? Elle repasse de nouveau dans chaque pièce et ses larmes chaudes coulent sur son visage et le strient.

Martine vient la rejoindre après sa sieste. Henriette s'arrête près de sa petite Jessy, elle s'appuie sur le rebord du lit et regarde dormir son bébé. Dans son cœur et dans son âme monte une prière, un hymne à l'amour, qu'elle adresse à son enfant.

«Ô petite fille que j'aime, ma petite Jessy, si ce n'était de toi, je partirais loin... loin... Je suis si heureuse de ta présence, car tu enjolives ma vie. Je pleure à l'idée que je puisse en venir à te faire de la peine; tu es si fragile encore, six mois à peine. Ô mon enfant! Ô mon Dieu! protège-nous par ta puissance et ton amour. Je t'implore, ô mon Dieu, et je prie pour que ma famille soit épargnée de la misère et de la pauvreté.»

Henriette ne veut pas que ses enfants connaissent la pauvreté et la misère, elle sait trop ce que cela entraîne. Soudain, tout son passé remonte à la surface, non qu'elle l'ait oublié, mais elle ne voulait plus y penser et encore moins le revivre.

«Je ferai tout pour éviter cela à mes enfants», se dit-elle.

Maintenant que Dorila ne peut plus compter sur son père pour le travail, il faudra bien qu'il se débrouille seul. Parviendra-t-il à se sortir de ce merdier? Depuis qu'il est parti avec son camion sur les chantiers de Val-d'Or, Henriette se laisse presque aller au désespoir. Elle a des dettes à rembourser et Dorila est parti avec le peu d'argent qui leur restait. Le paiement du loyer et du téléphone retardent. L'épicier accepte de lui fournir de la nourriture pour quelques semaines, jusqu'au premier montant d'argent que Dorila lui fera parvenir aussitôt que possible. Mais deux mois s'écoulent et pas un sou ne lui parvient.

Entre-temps, une camarade de classe de Laurence lui demande de venir pensionner à la maison. Henriette accepte avec promptitude. Du moins, elle pourra nourrir sa famille avec cette petite pension. Voilà qu'une vieille amie qui travaille depuis longtemps dans les produits de beauté *Beauty Counselor* vient lui offrir de travailler pour elle. Elle devra faire des démonstrations le soir auprès de groupes intéressés à recevoir des conseils de beauté et à se faire maquiller. Henriette se donne au travail à corps perdu. Elle travaille tous les soirs et, pour la première fois depuis qu'elle est mariée, elle gagne son argent bien à elle.

Quinze ans de mariage, quinze ans de tiraillements et de tétage l'ont conduite à ce travail de vendeuse à domicile et de conseillère en beauté. Ça marche tellement bien pour elle qu'après trois mois, elle réussit à effectuer les trois versements en retard sur la maison. On lui avait coupé le téléphone mais elle réussit à le faire rebrancher. Elle fait aussi remplir le réservoir d'huile à chauffage. Elle n'arrive pas à y croire. Enfin, elle a appris à être autonome financièrement. Heureusement, car Dorila ne lui a envoyé aucun montant d'argent depuis son départ.

Elle a bien reçu une lettre de plaintes et de lamentations disant qu'il était très mal payé. Mais elle s'est bien gardée de dire à son mari qu'elle travaillait et que les dettes étaient réglées. Bien au contraire, elle le supplie de lui envoyer de l'argent sous peine d'être chassés de leur maison. À cette lettre, elle reçoit quelques centaines de dollars qu'elle utilise pour acheter aux enfants les vêtements nécessaires pour terminer l'hiver. Tout l'argent qu'elle gagne, elle le met à la banque pour les coups durs.

Au bout de trois mois, son amie lui offre la gérance de la compagnie. Henriette part donc à la recherche d'autres femmes qui, comme elle, ont besoin de travailler mais qui ne peuvent, à cause de leur famille ou de leurs nombreux enfants, occuper un emploi à plein temps. Elle se fait une liste à partir de ses amies, de ses cousines ou de femmes qu'elle avait connues dans des soirées dansantes. À la fin, sa liste compte environ trois cents noms.

Et la voilà partie, parcourant les routes, s'arrêtant dans les villes et les villages de la région du Saguenay-Lac-Saint-Jean pour y recruter des femmes qui deviendront vendeuses pour leur compte et pour le sien. Pendant ce temps, c'est Laurence qui garde tous les soirs à la maison. Au bout de quatre mois, Henriette a formé un réseau de quarante-cinq femmes qui travaillent pour elle. Elle les a engagées, entraînées et dirigées dans la façon de maquiller et de vendre. Elle a payé toutes ses dettes jusqu'au dernier sou.

Lorsque Dorila revient en avril, il est stupéfait de voir la réussite de sa femme. Quant à lui, il revient plus pauvre qu'à son départ. Il accepte donc que sa femme aille travailler, car il faut bien vivre et la famille a besoin de sous. Et surtout, oui surtout, Henriette ne veut pas perdre sa maison.

À l'occasion de Pâques, Gertrude vient leur rendre visite. Dorila se lamente si bien qu'il réussit à lui emprunter de l'argent pour faire un paiement sur son camion. Lorsque Henriette revient de sa livraison, le marché est déjà conclu. S'il en avait été autrement, Henriette aurait averti sa sœur de ne pas prêter d'argent à son beau-frère parce qu'il pouvait y avoir des risques. Mais c'est fait maintenant, elle n'y peut rien.

Tout l'été, Dorila végète d'un bord et de l'autre, essayant de se renflouer. Antoinette, la jeune pensionnaire, ne reviendra qu'à l'automne et Henriette peut enfin retourner au chalet après deux étés d'absence.

Elle y retrouve sa nature, son lac, sa montagne. Mais, surtout, elle profite de chacun de ses enfants et assiste avec eux à l'éveil de la nature. Elle s'installe donc pour un autre été merveilleux.

Chapitre 13

Le long voyage

Contrairement à son habitude, Henriette n'a invité personne à l'accompagner pendant les vacances. Cet été, elle sera seule avec ses enfants. Laurence a maintenant quinze ans et c'est une jeune fille responsable. Marcel a dix ans, Jean-Paul sept, Martine quatre et Jessy, la petite dernière, a déjà un an.

La vie dans la nature la vivifie et elle est enchantée de s'y retrouver. Cette nature lui apporte tout le calme et la sérénité dont elle a besoin. Elle peut même nommer chaque arbre qui entoure le chalet, reconnaître le chant de l'alouette, le cri de la mouette quand vient le soir et le croassement des grenouilles. Chaque soir, quand le lac est calme, la montagne offre son reflet dans l'eau et le soleil couchant laisse miroiter ses couleurs rosées et multicolores.

Tous les soirs, la famille prend l'habitude de faire un feu de camp. On s'assoit autour et on se raconte sans retenue ses joies et ses peines. Il n'y a rien à cacher, car tous ont participé ensemble aux mêmes travaux et aux mêmes jeux, et avec la même complicité.

Assise elle aussi près du feu, Henriette observe la grouillante et babillante couronne de fleurs que sont ses enfants. C'est son ultime récompense. C'est pour eux qu'elle reste. C'est pour eux qu'elle refuse d'abandonner. Ils lui apportent tant de joies inestimables, des joies qui ne s'effaceront jamais. Elle se détache de plus en plus de son mari et ses absences ne la font plus souffrir.

Dorila réalise lui aussi que lorsqu'il s'amène, il brise l'harmonie de la famille. C'est pourquoi il ne vient jamais seul, car cette harmonie lui fait peur. La tranquillité d'esprit qu'il devine chez les siens, il n'est presque plus capable d'y faire face.

Ce soir est un soir comme bien d'autres. Le feu brûle lentement, et Laurence et Marcel font griller leurs guimauves au-dessus de la braise à l'aide d'un bout de bois. Jean-Paul essaye d'en faire autant mais, plus maladroit, il échappe les siennes dans le feu. Invariablement, l'enfant se fâche et se réfugie en boudant sur la balançoire. Laurence distribue les guimauves grillées à Mar-

222

tine et à Jessy et Henriette entonne des chansons folkloriques auxquelles les enfants répondent avec entrain. Jean-Paul revient s'asseoir avec le groupe et la bonne humeur est de nouveau dans tous les cœurs. Soudain, Laurence dit:

— Écoute, maman, quelqu'un vient d'en haut.

— Tu as raison, dit Henriette, après avoir tendu l'oreille.

— C'est papa, crie Marcel.

— Oui, c'est sa voix, dit Laurence.

— Ben oui, c'est bien lui, reprend Henriette.

— Il parle avec un autre homme, reprend Jean-Paul.

Et les deux hommes descendent du grand escalier et on peut enfin les apercevoir. Henriette n'a jamais vu l'homme qui accompagne Dorila. Celui-ci s'avance et le lui présente.

«J'te présente monsieur Touchette, que j'ai connu l'année dernière à Montréal. Il est de passage à Chicoutimi, pis j'lui ai offert de venir à la pêche avec moi.»

Henriette se lève, serre la main du visiteur et se rassoit au milieu de ses enfants.

— Si tu veux, ma femme, tu vas nous préparer à manger, on n'a pas souper.

— Voulez-vous des sandwichs pis une tasse de thé? Parce que le poêle est mort.

— J'ai apporté des steaks. J'vais allumer le poêle, pis on mangera quand ça s'ra prêt.

Henriette se résigne et commence à préparer des légumes pour accompagner les steaks. Les enfants sont déçus d'avoir à interrompre leur soirée en cours. Les deux hommes sont déjà éméchés.

— Laurence, va coucher les enfants, dit Dorila.

— Mais moé, papa, j'me couche pas astheure.

— Oui... oui, y est assez tard.

— Tard? Y é rien que neuf heures, papa.

Mais sa mère intervient:

«Va coucher tes frères et sœurs, pis reviens nous trouver.»

Henriette veut voir revenir sa fille, car elle a peur. Elle appréhende encore le pire. Elle ne veut plus rester seule avec deux hommes ivres. Depuis qu'elle a accouché de sa petite dernière, Dorila évite toute relation sexuelle. Il n'a de désir et d'amour que pour sa maudite bouteille. Pendant qu'il prépare les consommations, Laurence monte les petits au deuxième et Henriette continue à s'affairer au poêle, à la table et à l'armoire tout en surveillant si elle ne va pas être attaquée une autre fois.

«J'te l'avais dit que j'avais une belle femme, hein?»

L'homme acquiesce sans trop de conviction. Henriette est rassurée. «Ah! tant mieux! pense-t-elle, il n'est pas venu pour moi.» Elle peut respirer tranquille.

Un peu plus tard, elle les invite à venir manger.

* * * * *

Tout en mangeant, les deux hommes parlent de contrats et de routes à construire. Dorila surveille sa femme et lui dit à brûle-pourpoint:

— Viens, on va voir pour un pic de sable, ici pas loin, pis c'est toi qui conduis.

— Non! non! Allez-y tout seuls. J'vais rester avec les enfants.

— Laurence, reprend Dorila, reste avec les jeunes, on va r'venir, ça sera pas long.

Dorila saisit le bras d'Henriette et il le serre si fort qu'elle n'a pas le choix. Elle doit suivre. Dorila la conduit jusqu'à l'auto.

— Envoye, conduis, j'te dirai où enfiler.

— Mé qu'est-ce que j'vais faire moi, dans l'sable? J'ai rien à voir dans vos contrats.

Dorila se tourne vers son compagnon, avec, au coin de ses lèvres, un sourire qui en dit long sur ses intentions.

«Si t'as rien à voir avec les contrats, tu peux ben faire d'autres choses.»

Henriette tient le volant à deux mains. Elle a si peur qu'elle se met à trembler comme une feuille.

— Enfile ici, pis débarque.

— Non, j'attends dans l'auto.

Elle a toujours les mains agrippées au volant. Dorila descend, contourne la voiture et vient vers elle. Tout en ouvrant la portière, il invite monsieur Touchette à descendre lui aussi.

«Débarque, ma crisse», dit-il à Henriette.

Et, la saisissant par le bras, il la tire violemment hors de l'automobile.

«Cette fois-ci, tu m'échapperas pas.»

Il agrippe brusquement la blouse de sa

femme et la lui enlève d'un coup sec. Elle se met à crier, mais bien inutilement car ils se trouvent dans un endroit perdu dans la campagne. Il fait si noir que personne ne peut les apercevoir du chemin. Le compagnon de Dorila les regarde, ahuri. Dorila baisse la culotte de sa femme, il la couche sur le sable et, en deux coups, il la pénètre, puis éjacule. Il se met ensuite à la frapper de coups de poing et de coups de pied en criant à son compagnon:

«Viens la fourrer. Viens, elle aime ça. Fourre-la, la crisse.»

Mais, au lieu de profiter de l'offre, l'homme se retourne vers l'automobile et s'y assoit. La tête entre les mains, il attend que l'agression se termine. Henriette peut l'apercevoir parce qu'il a laissé la portière de la voiture ouverte. Et soudain, elle a un sentiment de compassion pour celui qui vient de lui manifester du respect. En revenant à la voiture, Henriette lance à son mari:

— Toé, mon écœurant, tu vas m'payer ça un jour.

— Baf! tu peux rien faire cont'moé, pis j'te connais, tu partiras pas, tu es trop lâche.

— Tu penses ça, hein? Ben quand j'le voudrai, j'vas t'faire payer pour tout. Tu m'entends? Pour tout, pis j'espère te rendre tout le mal que tu m'as fait.

— J'ai pas peur de toi, t'es ben trop folle.

De retour au chalet, elle monte à sa chambre. Laurence s'est couchée et tous les enfants dorment. Elle va voir chacun d'eux et elle pleure doucement, sans faire de bruit, pour ne pas les réveiller. Encore une fois, ils ont été épargnés. Ils ne sauront jamais combien elle souffre et quel prix elle doit payer pour continuer à les aimer. Dorila et le visiteur se sont couchés sur les divans, dans la grande salle du bas. Le lendemain matin, à son réveil, ils sont déjà partis.

Henriette réalise qu'elle n'est plus en sécurité au chalet. Elle emballe donc ses affaires au cours de la journée et retourne à Chicoutimi, prétextant qu'elle a du travail. Deux semaines de vacances à la campagne lui ont suffi pour cet été.

Le lendemain, Dorila est surpris de voir revenir sa famille. Il fait le tour de la maison, intrigué.

— Vot'mère, elle?

— Elle est dans sa chambre, dit Laurence.

— Va la chercher.

— Maman... maman, papa t'd'mande.

D'un air froid et stoïque, Henriette sort de sa chambre.

— J'sus ben content d'vous voir. J'pars travailler à Montréal.

— Moi aussi, j'sus contente. C'é mieux comme ça.

Comment dire ou expliquer à ses enfants encore si jeunes ce que leur père lui fait vivre? La croiraient-ils, seulement? Tout se passe à leur insu. Elle est découragée et enragée tout à la fois. Embrouillé par l'alcool et les vapeurs de l'ivresse, son mari n'est plus maître de ses gestes. Il est tellement enraciné dans ses habitudes d'ivrogne qu'il ne dessaoule plus.

«À qui pourrais-je dire tout ce qui m'arrive? se demande Henriette. À mes frères et sœurs? Ils ne me croiraient pas. À mon entourage? Eux non plus ne croiraient rien. Partir? Pour aller où? Je n'ai ni argent ni travail, ou du moins, pas un travail assez substantiel, je ne peux abandonner mes enfants.»

Elle veut pour eux les meilleures écoles et les meilleurs professeurs de musique et elle désire aussi conserver la maison qu'elle habite dans ce quartier huppé. Elle sait mieux que quiconque que l'argent ne fait pas le bonheur, mais elle peut dire aussi que le malheur sans argent, c'est l'enfer.

Laurence poursuit ses études secondaires et les deux garçons sont toujours semi-pensionnaires à l'École Apostolique de Chicoutimi, une école sélecte. Jean-Paul et Laurence sont toujours au piano. Quant à Laurence, elle aura son baccalauréat en musique au printemps prochain et elle terminera ses études en secrétariat en même temps. Pour ce qui est de Marcel, il fait partie du quatuor de clarinette de la petite symphonie de l'école. Henriette aime mieux user son vieux linge que de priver ses enfants de culture.

Dorila, lui, est comme un commis voyageur. Il fait sa valise et part le même jour. Henriette est soulagée de le voir partir. Son travail dans les produits de beauté lui apporte un peu d'aisance financière, mais pas assez pour quitter la maison et faire vivre sa famille, pas encore en tout cas. Henriette s'acharne au travail. Elle y met tout son cœur, car elle sait maintenant qu'un jour, elle devra partir. C'est inévitable. Mais comme le divorce n'existe pas et que la séparation est illégale, la femme mariée qui quitte le foyer pour aller gagner sa vie est mal vue et mal acceptée de la société. Celles qui, comme elle, sont vendeuses à domicile, ne disent pas que leur mari ne fait pas vivre convenablement leur famille. Ah! non!... elles affirment plutôt qu'elles ne le font que pour s'amuser, pour se faire de l'argent de poche.

Cette année, elle sera seule avec la petite Jessy, car, à l'automne, Martine sera la première de ses enfants à profiter de la maternelle. C'est tout nouveau et ça commence cette année. Mais il n'existe aucun service pour aider les femmes au travail, et encore moins pour soutenir les femmes en détresse. D'ailleurs, qui pourrait dire qu'Henriette est en détresse? Elle a tellement fait croire, depuis toutes ces années, qu'elle était une femme heureuse et comblée.

Toute sa vie a été un mensonge dont elle doit payer le prix. Faire soudain volte-face et dénoncer son mari, comme ça, sans en avoir jamais parlé à qui que ce soit? Personne ne la croirait. Non, il vaut mieux cacher, ne rien dire, endurer et souffrir. Elle n'ose même plus s'approcher de son Dieu pour lui confier ses soucis. Elle ne trouve plus aucun réconfort dans la prière. Où est-il, son Dieu de bonté, lorsque son mari boit? Où est-il, son Dieu tout-puissant, lorsque son mari la frappe et la viole? Henriette renie sa foi qui était pourtant si grande mais sa foi l'a lâchée. Elle se sent seule et abandonnée.

«Bientôt, je serai sur le pavé si Dieu ne me reconnaît plus, je vendrai mon âme au diable.»

Mais aussitôt cette phrase prononcée, elle récite un acte de contrition pour en obtenir le pardon. Elle est déchirée à cause de sa conscience étroite, sincère et austère, modelée selon les préceptes de la religion catholique romaine. Le mariage indissoluble, le serment prononcé au pied de l'autel, la fidélité jurée devant Dieu et devant les hommes, elle ne peut oublier tout cela. Oui, elle restera fidèle à son mari jusqu'à la mort. Mais elle est engagée dans une impasse dont elle ne voit pas l'issue. Sa foi, son Dieu, son mari, les êtres qui l'entourent, tout cela se mêle dans sa tête. Renier sa religion et sa foi, renier les dogmes que l'Église lui a enseignés... se soustraire aux sacrements, voilà sa nouvelle façon d'agir. Elle se considère maintenant comme l'enfant du diable.

«On a violé mon corps et mon âme. On a déchiré tout mon être, mon cœur est à jamais souillé.»

Seuls ses enfants la nourrissent encore d'amour; eux seuls peuvent lui apporter calme et réconfort.

Depuis deux ou trois ans, Dorila est presque toujours absent de la maison, n'y rapportant qu'un faible revenu. Henriette comble le manque à gagner par la vente de ses produits et par la pension que lui verse Antoinette, la camarade de classe et amie de Laurence. Toutes deux fréquentent l'école Laure Conan et Laurence s'est liée d'amitié avec Antoinette. Quelquefois, après la classe, Laurence la ramène à la maison.

Laurence est une fille gâtée, de tempérament tranquille. Les cinq années qu'elle a vécu comme fille unique l'ont rendue un peu insouciante du lendemain. Elle ne fait pas tellement d'efforts pour réussir ses études, mais elle travaille très fort son piano: douze années intenses de gammes et d'arpèges pour obtenir son baccalauréat en musique.

C'est Laurence qui avait poussé sa mère à prendre Antoinette en pension. Un soir, elle lui avait dit:

— Maman, voudrais-tu prendre Antoinette en pension?

— Une pensionnaire! Sais-tu, j'y avais pas pensé, mais ça serait peut-être une bonne affaire.

— J'lui en parle demain.

Le lendemain Laurence revient à la charge, mais avec certaines explications, cette fois.

— Maman, j'ai parlé à Antoinette, mais avant, elle a une question à t'poser.

— Oui, pis c'est toi qui la poses, je suppose?

— Ben, Antoinette, elle est un peu gênée.

— Gênée, mais pourquoi?

— J'vais t'expliquer, maman. Les parents

d'Antoinette sont séparés, pis elle vit du bien-être social.

— Qu'est-ce que ça change?

— Ça t'fait rien, maman? Elle craignait que tu refuses. Tu sais ce que les gens pensent des enfants qui sont sus le bien-être.

— Non, j'le sais pas, vraiment, j'le sais pas.

— Ben, c'est Antoinette qui m'a dit ça, moi non plus, j'le savais pas.

— Qu'est ce qu'a t'a dit?

— Y paraît que l'monde dit que si les parents sont séparés, les enfants sont détraqués, pis en plus, y sont pauvres.

— Ben moé, Laurence, quand j'étais jeune, on était pauvre, ça fait que dis-lui d'venir, à ton amie.

— Ça va être le bien-être qui va te payer, pis une fois par mois.

— Ben, j'aime bien mieux ça. J'vas être certaine d'être payée, comme ça.

— Ah! merci maman! T'é ben fine.

— Non, c'é pas parce que j'sus fine, c'est parce que ça fait mon affaire. Pis j'peux ben t'le dire, elle me plaît, cette fille.

Quand Antoinette s'installa dans la maison, tout en devint transformé. Elle entraîna Laurence dans des activités de toutes sortes. Au début, elles ne faisaient que quelques sorties ensemble, parce que Henriette tenait à ce que les études soient bien faites et le piano bien pratiqué.

— Soyez pas inquiète, lui disait Antoinette. On travaille fort toute la semaine, pis on sort seulement que les fins de semaine.

Antoinette tint sa promesse, même qu'elle stimulait Laurence dans ses travaux scolaires, car elle était elle-même très studieuse.

Au cours de l'automne, Henriette, Laurence et Antoinette décident de faire partie d'un chœur de chant. Ensemble, elles vont s'amuser et chanter, une fois par semaine. À douze ans, Marcel peut bien garder quelques heures. La pratique se termine à huit heures trente et le retour se fait toujours au milieu des blagues. Mais il y a l'hiver, le froid glacial, les tempêtes et la neige qui tombe drue et abondante. Il faut pelleter avant chaque départ et, malgré le déneigement effectué sur les routes, Henriette s'embourbe souvent au pied des falaises. Les deux filles pelletent, pelletent à nouveau, et les plaisanteries recommencent.

«Dis-nous, maman, dans quelle falaise tu

nous envoies, ce soir? On pourrait pelleter à l'avance, si on l'savait.»

Les soirées débutent toujours sur un ton amical. La neige devient plaisir et agrément. Henriette s'amuse autant que les jeunes filles, retrouvant ainsi son cœur d'enfant. Le jour, elle s'occupe d'engager des vendeuses et le soir, elle les entraîne à maquiller les femmes et à vendre les produits, leur donnant ainsi, comme à elle, la satisfaction de gagner leur propre argent. Elle retrouve et apprécie la liberté et la puissance que lui procure son revenu.

Laurence ne pose aucune question. Henriette fait des pieds et des mains pour faire voir que son travail est un loisir, si bien que ses enfants finissent par jouer le jeu avec elle. Lorsque se fait la livraison des caisses de produits, chacun y met du sien pour les déballer et les ranger dans une armoire prévue à cet effet. Même Antoinette s'y prête. Henriette ne se donne pas encore le droit de dire qu'elle gagne sa vie et celle de ses enfants mais, au moins, elle réussit à faire face à certains paiements.

Au printemps, à l'occasion d'une courte visite, Dorila annonce à sa femme qu'il ira travailler dans le nord-ouest québecois, à Lebel-sur-Quévillon. Des travaux d'envergure y ont lieu et il y passera l'été.

— Ça fait quatre ans maintenant que tu vas et tu viens.

— J'peux pas faire autrement, répond Dorila.

— C'é pas pour moi, parce qu'entre nous deux, y a pus d'amour, mais c'est pour les enfants. Y m'disaient, l'autre jour, qu'ils te connaissaient pas, les garçons surtout.

— Moé non plus, j'les connais pas.

Après le départ de son père, Henriette dit à Laurence:

— C'é ben tannant, un père qui est jamais là.

— Moé, maman, j'peux t'dire que ça fait quatre ans que papa n'est pas là, pis j'trouve que ce sont les plus belles années de ma vie.

Surprise, Henriette n'ose plus parler. Elle n'avait jamais envisagé le départ de son mari comme un événement heureux pour sa fille... Elle qui pensait qu'un père, c'était indispensable pour les enfants...

Dorila repart avec une petite roulotte pour se loger là-bas. C'est un achat qui avait été fait dans des temps plus prospères. Les fins de semaine, Laurence se fait gardienne d'enfants et elle peut ainsi couvrir ses propres dépenses.

Marcel et Jean-Paul font la livraison de journaux à domicile et Henriette continue à se débattre comme elle peut. Mais elle a beau pallier les besoins les plus pressants, elle n'arrive pas à payer toutes les dettes de son mari.

Un matin, Henriette sursaute en entendant le bruit de la sonnette. Un homme se présente et lui débite une formule dont elle ne retient qu'un seul mot: huissier. Après avoir traversé la pièce, l'homme s'assoit et se met à écrire. Puis, il se rend dans la salle à manger et recommence le même manège. Enfin, il remet une feuille de papier à Henriette, encore tout éberluée.

— Qu'est-ce que j'fais avec ça?

— Vous serez convoquée si vous n'payez pas.

— Mais c'é même pas à mon nom.

— Dorila Brassard, c'é vot'mari, vous lui remettrez.

Elle essaye d'en savoir plus long, mais l'homme se retire en disant:

«Consultez votre avocat, madame.»

Elle n'a pas d'avocat, elle n'a jamais eu affaire à un avocat. Elle en a bien connu un, un ancien ami de cœur de Gertrude, mais pas plus. Elle lit et relit le papier sans trop comprendre de quoi il retourne. Il s'agit d'une dette que

Dorila a contractée depuis longtemps. Henriette pensait qu'il l'avait payée, mais il est presque sans le sou. Elle décide donc de consulter Jean, le demi-frère de Dorila. Il est le seul à qui elle peut se confier. Il a été témoin de plusieurs actes de violence dont Henriette et ses enfants ont été victimes. Aussitôt qu'elle fait appel à lui, il accourt immédiatement. Elle va donc lui téléphoner.

— Jean, viens me voir. J'ai reçu un mandat, pis j'sais pas quoi faire avec ça.

— Attends-moi, j'arrive.

En arrivant, il jette un bref coup d'œil sur le papier.

«Laisse-moi ça, dit-il. J'vas m'en occuper. T'en entendras pus parler.»

Mais malgré tous les efforts d'Henriette, les dettes de Dorila s'accumulent. Chaque fois qu'il lui téléphone, elle se doute bien qu'il ne dit pas tout sur ses revenus, ni sur ses dépenses surtout. C'est impossible qu'il n'ait jamais d'argent à lui envoyer. Avec tous ses tourments, elle ne sait plus où donner de la tête. Les ventes de ses produits de beauté baissent avec les vacances mais les comptes à payer, eux, n'attendent pas: les versements sur la maison de même que les comptes de téléphone et d'électricité sont échus depuis un bout de temps. De plus, les enfants ont besoin de vêtements. La situation est devenue intenable.

Henriette réfléchit toute la nuit pour tenter de trouver une solution. Au matin, sa décision est prise. Elle ira rejoindre son mari pour en avoir le cœur net. Elle est exaspérée de toujours s'entendre dire qu'il n'a pas d'argent à lui envoyer. Elle prépare donc les bagages des cinq enfants et les siens, et téléphone à Lebel-sur-Quévillon pour dire à son mari:

— Attends-nous, on arrive.

— Es-tu folle? C'est plus de six cents mille de route.

— J'le sais, mais il faut que j'y aille.

— Six cents mille de gravier, Henriette, penses-y.

— J'pars demain matin. Tout est prêt.

Rien à faire pour l'en empêcher. Henriette est bien décidée. À six heures du matin, elle démarre la voiture. Bien sûr, les enfants sont heureux du voyage.

Début juillet, il fait un temps radieux comme on peut en voir durant l'été au Saguenay. Chacun a pris sa place dans la *Rambler* mil neuf cent soixante. Laurence s'est installée sur le grand siège avant avec Martine. Jessy, restée debout, se colle sur sa mère. Marcel et Jean-Paul se sont assis tous les deux sur le siège arrière.

Henriette avait préparé des provisions pour le voyage. Des enfants, ça a toujours faim. Tout se déroule à merveille. Jusqu'à Saint-Félicien, le chemin de gravier est assez bien entretenu. Les enfants se sont rendormis et seule la radio de l'automobile donne un peu de divertissement. Henriette roule à une vitesse raisonnable quand, tout à coup, un renard roux vient se jeter sous les roues de la voiture. Un bruit sourd se fait entendre et réveille les enfants. En appliquant les freins pour essayer d'éviter la bête, Henriette s'est retrouvée sur le terre-plein de la route.

— Qu'est-ce qui y a, maman?

— J'ai frappé une bête. J'pense que je l'ai tuée. Venez, on va voir.

Toute la famille descend et court vers l'animal blessé. Il s'agit, en effet, d'un beau renard roux.

«Regarde comme sa queue est belle! dit Laurence.

Marcel se penche et flatte sa tête.

— On dirait qu'y bouge encore, dit Jean-Paul en le touchant craintivement.

— On devrait l'emporter, dit Marcel.

— Oui...oui, maman, reprennent tous les enfants.

— Ben non, voyons! Rendu à Lebel-sur-Quévillon, y sentira la pourriture.

— Ah oui! maman! Emportons-le, reprennent en chœur les cinq enfants.

Henriette se laisse convaincre.

«On l'embarque jusqu'à Chibougamau, pis on verra.»

Le renard est mis dans le coffre de la voiture, déjà bien rempli, et chacun reprend sa place, non sans avoir fait claquer les portières. La conversation roule sur le renard, sur sa chair, sur la couleur de son poil et sur sa fourrure épaisse et soyeuse.

Une demi-heure plus tard, pendant que les enfants sont en train de luncher, Henriette s'aperçoit que la jauge à essence baisse rapidement. Après avoir coupé le moteur, elle remarque un petit filet d'essence qui s'écoule lentement du réservoir. Elle se souvient en même temps qu'elle vient d'apercevoir un panneau annonçant: Chibougamau, 20 milles. En remettant le moteur en marche, elle dit:

«Les enfants, priez pour qu'on se rende avant de manquer de carburant.»

Et elle repart à toute allure, ignorant les buttes et les roches, tandis que les enfants surveillent l'aiguille comme s'ils pouvaient, juste en la regardant, la faire ralentir. Quand elle marque zéro, ils sont aux abords du village. Un peu plus loin, une enseigne annonce un garage.

— Nous y sommes, les enfants, regardez.

— Youpi! Youppi! lancent-ils tous ensemble.

Henriette s'engage dans la cour et arrête le moteur. Soulagée, elle explique au propriétaire ce qui lui est arrivé.

«Vous n'êtes pas la première, madame. J'termine avec celui-ci, pis j'm'occupe de vous.»

Toute la famille descend.

— Nous allons dîner au restaurant là-bas, dit-elle au garagiste.

— Attendez, madame. J'rentre votre automobile, pis j'vous dis combien de temps vous avez pour manger.

— Il faut être à Lebel-sur-Quévillon ce soir.

L'homme regarde sa montre. Il est midi. Il monte dans la voiture, essaie de la faire démarrer, mais il ne reste plus une seule goutte d'essence dans le réservoir.

«Vous êtes chanceuse, madame, un mille de plus et vous auriez marché.»

Après un rapide coup d'œil au réservoir, il lance:

«Revenez dans une demi-heure et vous pourrez repartir.»

La famille avale en vitesse un repas copieux. On prend toutes les précautions d'usage concernant les besoins naturels et on revient au garage. L'auto est prête.

— Combien j'vous dois, monsieur?

— Rien, madame. J'ai rempli votre réservoir d'essence, vous devriez en avoir assez pour vous rendre jusqu'à Lebel-sur-Quévillon.

— Mais pourquoi faites-vous ça? Vous ne me connaissez même pas.

— Madame, reprend le garagiste, j'vous trouve tellement courageuse de traverser tout le nord-ouest québécois pour rendre visite à votre mari, ça vaut ben ça.

Henriette sourit et lui serre la main en le remerciant très fort. Les enfants en font autant. Et comme le garagiste, en ouvrant le coffre pour pouvoir enlever le réservoir, avait admiré le renard roux, Henriette décide de le lui offrir en cadeau.

Les enfants remontent ensuite dans l'auto en faisant de grands gestes au garagiste.

«Salut, monsieur! Merci, monsieur!»

Et la famille reprend la route, direction Chapais-Lebel-sur-Quévillon, 163 milles.

«Les enfants, nous serons rendus vers six heures si tout va bien.»

Tout au long du voyage, la petite Jessy est restée debout sur le siège avant collée contre l'épaule de sa mère. De temps en temps, Laurence inclinait le siège pour rejoindre les garçons à l'arrière et pour être plus à l'aise pour jouer avec eux ou se reposer.

Ils sont heureux. Ils sont ensemble et la vie est belle. Deux brefs arrêts pour satisfaire les besoins naturels et on remonte au plus vite, car les maringouins leur piquent les fesses. À six heures, comme prévu, la famille de bohémiens arrive à Lebel-sur-Quévillon.

Chapitre 14

Lebel-sur-Quévillon

Arrivés sur les lieux, ils s'installent tous dans la petite roulotte de Dorila. Celui-ci est estomaqué de voir sa famille auprès de lui. Henriette va préparer un feu dehors pour cuisiner un repas avant le coucher. On tasse ensuite toute la famille dans la roulotte et on se couche en même temps que le soleil. Dorila y va de ses plaintes et de ses lamentations, braillant qu'il ne fait pas d'argent et qu'il ne travaille pas tous les jours.

— Assez! J'sus venue te dire qu'il me faut d'l'argent pour faire les paiements sur la maison et pour t'dire que le téléphone a été coupé.

— Mé j'viens de t'dire que j'gagne presque rien.

— J'vais rester assez longtemps pour que tu m'donnes de l'argent.

— Tu m'cré pas?

— Non, j'te cré pus. Tu m'comptes des menteries, ça fait que j'vais l'savoir.

Le lendemain, Henriette aménage des toilettes extérieures, à ciel ouvert, puis elle amène l'électricité à la roulotte en se branchant au garage d'à côté et enfin, elle connecte un boyau pour avoir de l'eau.

Quelques jours plus tard, tout était installé et elle se dit prête à soutenir le siège jusqu'au bout.

«Avec ça, dit-elle, j'peux tenir longtemps.»

Jean-Paul et Martine se mettent alors à faire de la fièvre et à tousser sans arrêt. Toutes les nuits, ce sont des quintes de toux interminables. Ils ont attrapé la coqueluche. Dorila incline les sièges de la *Rambler* et il s'y installe avec Henriette. Il fut entendu que Laurence prendrait soin des malades la nuit et que leur mère prendrait la relève le jour.

Laurence fait la connaissance d'une jeune Indienne qui vivait non loin d'eux avec sa famille. Elles deviennent tout de suite amies. Un peu plus tard, Mamabanic (c'est son nom) apporte à la famille un grand bocal rempli d'un

248

sirop fait avec des oignons, du sucre et quelques herbes. Ce sirop s'avère très efficace pour soulager la toux des enfants. Un petit frère de Mamabanic, la sauvagesse, vient à son tour jouer avec Marcel et Jean-Paul et il leur apprend les rudiments de la vie des Indiens.

Mais la toux n'est rien à comparer avec les gros maringouins qui survolent jour et nuit le terrain et la roulotte. Les huiles appliquées sur le corps et les aérosols vaporisés dans l'auto et la roulotte ne parviennent que pendant un court moment à éloigner les bestioles envahissantes et bourdonnantes.

Mis à part ces inconvénients, la famille profite de ses vacances en Abitibi et elle les apprécie. Henriette a le don de s'adapter à toutes les circonstances que la vie lui impose. Plutôt que de se plaindre, elle apprend avec ses enfants à découvrir un des coins les plus pittoresques du Québec. Un jour, ils se sont rendus jusqu'à Senneterre et un dimanche, ils sont allés jusqu'à Val-d'Or avec Dorila.

Avec les deux jeunes Indiens, les enfants apprennent à fabriquer des arcs et des flèches avec les moyens du bord. Ils apprennent aussi à construire des cages d'oiseaux et à distinguer leurs cris et leurs chants.

La famille est installée depuis déjà trois semaines et Dorila a travaillé tous les jours depuis son arrivée. Les soupçons d'Henriette se confirment et toutes les lamentations de son mari se contredisent. Et quand la famille quitte Lebel-sur-Quévillon, Dorila peut donner un montant d'argent assez substantiel pour faire les paiements sur la maison, rebrancher le téléphone et payer quelques dettes, du moins les plus pressantes.

Mais le répit est de courte durée. Les dettes que Dorila accumule sont nombreuses. Chaque jour, il faut faire face à ce fléau grandissant. Pas une semaine ne se passe sans qu'Henriette ait à affronter une nouvelle saisie. Jean, qui connaît la situation de sa belle-sœur, fait du mieux qu'il peut pour les contrer, avec l'aide d'un ami avocat. Un jour, entre autres, Henriette reçoit la visite de trois huissiers, pour trois dettes différentes. Exténuée, au bout du rouleau, elle décide de signer une reconnaissance de dettes et de s'inscrire sur la Loi Lacombe, une loi qui protège les gens contre les saisies. Elle s'occupe de toutes les démarches, mais comme les dettes sont au nom de son mari, elle ne peut signer. C'est lui seul qui peut le faire. Par la suite, un montant d'argent sera retenu directement à la source, sur son salaire, à la compagnie même où il travaille. C'est la dernière des hontes pour eux, mais ils n'ont pas le choix.

La Loi Lacombe a été instaurée pour protéger les familles trop endettées contre la saisie des biens et des meubles qui sont nécessaires à une vie normale tels que: cuisinière, table, chaises, lits, etc., bref, tout ce qui sert au bien-être de la famille. La personne qui se trouvait sur la Loi Lacombe ne pouvait ni avoir un compte en banque, ni transiger un contrat et ni posséder de voiture. Il avait donc fallu transférer la propriété de l'automobile au nom d'Henriette Tremblay, le nom de Dorila Brassard ne pouvant apparaître sur aucune facture.

Henriette se souvint alors que Florentine avait un frère qui était inscrit sur la Loi Lacombe. Quand elle parlait de son frère, Florentine disait:

«Lui, c'est un sans talent. Toute la famille en a honte, il est sur la Loi Lacombe.»

Et lorsque la famille disait que c'était leur mouton noir, on ajoutait: «Que veux-tu? Il est sur la Loi Lacombe...» Cet homme était marqué au fer rouge.

Malgré la honte, Henriette se sentit soulagée. Elle est enfin protégée de la visite des huissiers. Depuis des mois, elle avait tout tenté pour éviter cette humiliante solution. Avant d'en arriver à cette décision, elle avait rencontré des gens qui connaissaient son mari depuis belle lurette. Le dernier en liste lui avait même dit qu'il se cachait sous ses jupes.

Dorila dut quitter son emploi à Lebel-sur-Quévillon. Incapable de faire ses paiements, il vit son camion saisi par la compagnie prêteuse. Se retrouvant sans travail, il alla offrir ses services aux compagnies de la ville comme chauffeur de camion. Mais, contrairement à ce qu'Henriette espérait, pas un seul entrepreneur ne voulut l'engager. Lui qui se disait aimé et apprécié de sa communauté, quel désenchantement!

Pendant ce temps, Henriette continue à travailler d'arrache-pied. Comme Dorila n'a pas d'emploi, c'est lui qui garde Jessy, donnant ainsi à sa femme la chance de gagner leur croûte.

Hélène et son mari Georges demeurent à Baie-Comeau depuis quelques années. Ils sont allés s'y refaire une nouvelle vie. Georges est un homme influent dans son milieu et, à l'occasion d'une visite à Chicoutimi, il offre du travail à Dorila.

— Si tu veux venir travailler à Outardes 4, j'aurai du travail pour toé.

— J'ferais n'importe quoi pour faire vivre ma famille.

— Tu peux être certain de recevoir un message dès notre retour la semaine prochaine.

Henriette renchérit en s'adressant à sa sœur:

— Si y trouve pas d'ouvrage, y va devenir fou.

— T'en fais pas p'tite sœur, Georges va l'placer.

— Tout va si mal depuis tellement d'années que j'espère pus grand-chose.

— Toé aussi, t'es à plat?

— Ah oui! J'sus pas mal découragée.

— Quand Dorila sera à Outardes 4, tu viendras, toé aussi, j'te f'rai une si grosse démonstration de produits que tu pourras te'r'poser un bon bout de temps.

— J'aimerais ben ça.

L'espoir revient avec la bonne humeur. Henriette sert un bon repas, on rit et on jase. Le goût de vivre est revenu. Malgré toutes les difficultés que traverse la famille, Henriette réussit à épargner à ses enfants l'humiliation de la pauvreté.

«Si Dorila part travailler à Outardes 4, nous pourrons peut-être effacer nos dettes, nous libérer de la Loi Lacombe et retrouver notre dignité», se dit Henriette.

Georges a tenu sa promesse et il a fait embaucher Dorila à Outardes 4. Même si la Loi Lacombe prélève son dû à la source, Henriette reçoit quand même un montant d'argent. Georges sait combien gagne Dorila. Il ne peut donc boire tout son salaire. Avec l'argent qu'il envoie, ils réussiront à conserver la maison et à payer toutes les dépenses courantes. Henriette peut acheter la nourriture et les vêtements et elle peut aussi payer les cours de musique.

Les visites de Dorila sont de plus en plus courtes et de plus en plus espacées. La famille ne s'en porte que mieux. Henriette n'a plus à subir ses offres malhonnêtes ni son indifférence sur le plan sexuel. Depuis longtemps, elle ne revient plus sur le sujet. Non pas qu'elle ne désire plus faire l'amour, mais c'est devenu trop compliqué et ça demande un trop grand investissement affectif et émotionnel. À son avis, l'amour ne doit pas être forcé, il doit venir de lui-même. Elle rage et enrage de se voir mariée et de se sentir rejetée. Et, forcément, elle se refuse les joies de l'amour qu'elle a en elle. Dorila lui dit souvent de se prendre un autre homme, mais elle a choisi la voie du sacrifice.

«Jamais un autre homme ne comblera ma vie.»

Sa déception est trop grande pour se laisser aller dans une aventure. Puis, elle a trop peur; peur de l'homme, bien sûr, mais peur surtout du rejet. Elle ne sait pas de quelle façon, mais chose est certaine, elle se bat contre des nuages.

Pour ne pas perturber ses enfants avec ses soucis familiaux, elle ne partage avec eux ni ses difficultés ni ses problèmes d'argent, car elle a peur qu'ils ne souffrent ce qu'elle-même a souffert. Leur père est souvent absent, mais lorsqu'il vient leur rendre visite entre deux vins, chacun s'efforce d'être aimable et gentil avec lui. Henriette, pour sa part, évite les discussions et les chicanes, et leur ménage s'enfonce dans l'indifférence.

Le samedi, elle va chercher Marcel et Jean-Paul à l'École apostolique avec ses autres enfants. Et pour leur donner l'illusion de l'aisance, elle les emmène tous prendre un repas chez Green. On y offre un spécial sur le dîner familial. C'est une occasion de réunir la famille, de rire et de se parler. Chacun raconte sa semaine dans les menus détails. Cette sortie est presque un rituel, maintenant. On choisit toujours la plus grande table et Henriette les place pour qu'ils soient tous à leur aise.

«Viens ici, Jean-Paul. Assieds-toi près de moi. Jessy, va de l'autre côté avec Laurence et Marcel. Et Martine, viens de ce côté-ci, près de moi.»

Les plus jeunes ignorent qu'Henriette s'est arrangée avec Laurence pour que tous demandent le même menu. Ça ne doit pas coûter plus de cinq dollars. Le spécial familial du samedi comprend deux hamburgers, deux frites et deux boissons pour deux dollars et cinquante. En séparant les boissons gazeuses des deux petites, on réussit tous à manger pour le prix maximum fixé. C'est la seule dépense qu'on peut se permettre pour la fin de semaine. Le menu est inscrit sur le napperon, mais les jeunes prennent ce que leur mère et Laurence ont décidé de commander. Ils ne sont pas conscients du choix qui s'offre à eux. Et l'important, c'est d'être ensemble. Tout le monde est joyeux.

«Dépêchez-vous. Aujourd'hui, nous allons choisir des pantalons pour Marcel et Jean-Paul, dit Henriette. La semaine prochaine ça sera le tour des filles.»

Après avoir avalé leur repas, les deux garçons se soumettent plus volontiers à la pénible corvée de l'essayage des pantalons. Martine et Jessy, assises près des salons d'essayage, observent le manège. Laurence les surveille de près alors que leur mère fait la navette entre le comptoir de pantalons et le salon d'essayage. Elle revient régulièrement auprès d'elles et, pour leur changer les idées, elle leur distribue des bonbons à la menthe, qu'elle garde toujours dans son sac à cet effet. Enfin, l'essayage terminé, la famille revient tout heureuse à la maison.

À leur arrivée, Henriette leur sert alors une collation avec un verre de lait. Ils sont ainsi rassasiés jusqu'au repas du soir. L'après-midi, elle profite du beau temps. Assise avec Laurence dans la balançoire, elle savoure le bonheur d'être avec ses enfants: Marcel et Jean-Paul jouent non loin de la maison avec quelques amis alors que Martine reste tout près avec ses jouets et que Jessy est tombée endormie sur les genoux de sa mère dès leur arrivée. Même si elle trouve parfois sa vie rude et difficile, même si Dorila n'a jamais été l'amoureux qu'elle désirait, jamais Henriette ne voudrait briser cette famille qu'elle aime et qui représente tout pour elle. Elle vit pour eux et par eux.

Laurence s'étend de tout son long sur le siège de la grande balançoire et vient appuyer sa tête sur les genoux de sa mère. En voyant la scène, Martine vient, à son tour, se coller sur sa mère. Henriette se met à fredonner une chanson et soudain, une prière monte dans son cœur:

«Mon Dieu, faites que nous restions unis. J'accepte de souffrir pour rester avec mes enfants.»

Le samedi suivant, Henriette doit mettre fin à la séance du restaurant, les garçons ayant brisé la routine en réclamant autre chose que le spécial familial.

— J'veux d'la crème glacée, dit Marcel.

— Voyons, Marcel, de la crème glacée, ç'é pas un repas.

— J'veux manger d'la crème glacée, moi.

— Pis moi, j'veux deux toasts avec de la confiture pis du beurre de *peanut*, avait repris Jean-Paul.

— Si vous mangez ça, vous aurez pas autre chose.

— Oui... oui, maman. J'te jure.

Au bout du compte, le repas avait coûté trop cher. Le petit manège, qui durait depuis des mois déjà, a donc pris fin. Ce fut le dernier repas chez Green.

À la place, Henriette organisa quelque chose de plus amusant. Chacun préparait ce qu'il voulait à la maison et les deux garçons devaient servir les deux petites et la mère. Les deux garçons se déguisent donc en garçons de table et ils en font un jeu.

Après la détente apportée par le repas, Marcel, un peu piteux, présente à sa mère un billet que la religieuse enseignante lui avait remis. Intriguée, Henriette déplie le billet et elle lit ce qui suit:

Chère Madame,

Je veux vous mettre au courant de ce que Marcel s'est fâché cette semaine et que dans sa colère, il a cassé sa règle. Je sais que vous faites des sacrifices pour vos enfants et je trouve qu'ils ne doivent pas détruire leurs articles scolaires à tout propos.

Et j'ai signé

Sœur Saint-Raymond.

Henriette regarde Marcel.

— Pourquoi as-tu fait ça?

— J'étais fâché, maman, pis la règle a cassé sans que j'le veuille.

— Quand la règle a cassé, étais-tu soulagé?

— Ben, j'n'ai pas eu connaissance.

— Étais-tu soulagé?

— Oui, maman.

— Si ça a pu te faire du bien, tu as bien fait.

Après cette petite conversation, elle reprend le billet de la religieuse et elle écrit au verso:

Sœur Saint-Raymond,

J'ai reçu votre billet et je l'ai lu avec attention. J'ai aussi parlé avec Marcel au sujet de la règle. J'en ai déduit que si, en cassant la règle, il avait calmé sa colère, je trouve qu'il a bien fait.

Et j'ai signé

Madame Henriette Brassard.

Elle remet le billet à Marcel en lui disant:

«Toi, Marcel, t'es comme ton père, tu veux toujours paraître bon, pis au fond, t'es souvent en colère.»

Bientôt, le séjour au chalet recommencera, entrecoupé de livraisons de produits et d'engagements divers. En général, toute la famille s'entasse dans la voiture et fait la tournée avec leur mère. Henriette eut la chance d'engager deux nouvelles vendeuses dans deux villages non loin du chalet et elle les entraîna à la vente et au maquillage. Cela lui donna un supplément de revenu et la famille ne s'en porta que mieux. Elle réussissait ainsi à combler le manque à gagner mais, en même temps, elle prenait de plus en plus conscience que son état de mère au foyer allait bientôt prendre fin. Elle entrevoyait que les choses ne seraient plus ce qu'elles étaient aujourd'hui. Par son travail, elle allait s'offrir l'indépendance et l'autonomie.

Chapitre 15

Au fond de l'abîme

Le temps s'écoule sans trop de changement, sauf que les enfants grandissent à vue d'œil.

Ce samedi, Henriette avait planifié de ranger et de laver tous ensemble le plancher du sous-sol. Quand on s'y met tous, ça ne prend que quelques heures. Mais ce matin, Dorila est arrivé comme un cheveu sur la soupe avec un copain de travail. Cette visite inattendue vient bouleverser toute la routine de la famille et celle-ci doit changer tous ses plans à cause de l'arrivée de Dorila.

Ce dernier repart presque tout de suite, mais Henriette ne s'est pas aperçue qu'il avait emmené les garçons avec lui. Voyant qu'elle était seule avec sa mère à participer aux travaux,

Laurence est partie, elle aussi, laissant sa mère seule avec son remue-ménage. Henriette s'entêta à continuer son travail et ce n'est qu'à sept heures du soir qu'elle sortit enfin du sous-sol, le plancher lavé et ciré, et les meubles replacés. Dorila arriva alors avec les garçons et lorsqu'il descendit pour retrouver sa femme, il la trouva en larmes.

— Qu'est-ce qui s'passe?

— J'ai lavé ce plancher avec mes larmes.

— Pourquoi t'as fait ça tout seule?

— Tout était planifié pour aujourd'hui mais tu as emmené les garçons, alors Laurence est partie, elle aussi.

— Laurence, viens icite, crie Dorila.

Laurence descend et Dorila la saisit aussitôt par les épaules et la frappe violemment sur la porte.

— Pourquoi t'as pas aidé ta mère?

— Les garçons étaient pas là. J'sus pas pire qu'eux autres.

Dorila resta abasourdi pendant quelques secondes puis, se resaisissant, il dit:

«Monte dans ta chambre.»

Henriette ramassa péniblement les derniers objets qui avaient servi au ménage et monta à son tour, dans sa chambre. C'est Dorila qui prépara le souper. Chacun des enfants s'étant éclipsé dans sa chambre, Henriette vint le rejoindre et en profita pour manger un morceau. Elle se sentait coupable des coups reçus par Laurence.

— Tu aurais dû attendre la semaine prochaine pour laver c'plancher là.

— Oui, je l'sais, mais j'avais commencé, espérant que tu reviendrais plus tôt.

Et la discussion se termine sur les si et les pourquoi. Un peu plus tard, étendue sur son lit, Henriette repense à cet événement. Elle espère encore, malgré tout, que Dorila lui fera l'amour. Elle en rêve si souvent dans ce grand lit vide et froid. Ce soir, elle s'offrira de nouveau et elle espère qu'il saura assouvir ses désirs passionnés et soulager son cœur et son corps tourmentés.

Elle se sent comme une rivière gonflée par la crue des eaux. Elle voudrait sortir de son lit, parcourir de nouvelles routes, sillonner de nouveaux rivages dans des terrains accidentés et marécageux. Elle s'embourberait volontiers dans ces marécages pour se sortir de cette vie sans amour. Ses enfants deviennent plus indépendants chaque jour et ils s'éloignent de plus en plus d'elle. Bientôt, dans quelques années sûrement, elle se retrouvera seule avec cet homme qui a trouvé son plaisir et son contentement dans la maudite bouteille. Son désir sexuel est aussi intense qu'au premier jour de son mariage. Malgré les grandes déceptions, malgré les attentes vaines, elle continue d'espérer, et ce soir ne fait pas exception à la règle. Les enfants sont tous couchés. Henriette se lève et vient s'asseoir au salon près de Dorila. Elle se rapproche et se fait langoureuse. Dorila la prend dans ses bras et ils restent ainsi enlacés sans rien dire jusqu'à l'heure du coucher.

Étendus sur le lit, ni l'un ni l'autre n'ose amorcer les préliminaires. Ils sont si souvent séparés l'un de l'autre qu'ils ont perdu leur ancienne complicité. Dorila tente un baiser et Henriette ne le repousse pas. Elle s'abandonne même à ces avances amoureuses qui excitent déjà tout son être. Elle attire Dorila sur elle et s'offre entièrement à lui. Il essaye de la pénétrer mais, comme cela arrive presque toujours maintenant, il perd son érection et reste impuissant à consommer l'acte d'amour.

— C'é pas grave, dit tout bonnement Henriette.

— Pas grave? Tu vas voir si c'est pas grave. Tiens, ma crisse, dit-il en lui assénant un coup de poing en plein visage, puis sur les seins et au ventre.

Henriette se couvre le visage de ses bras pour ne pas porter de marques apparentes. Elle grimace de douleur mais elle n'ose pas crier. Elle a peur que Laurence les entende, car elle est couchée dans la chambre d'à côté. Si elle voyait son père ainsi en furie, elle perdrait vite l'image qu'elle avait de lui. Et ça, Henriette ne le veut pas. Les yeux vitreux et la rage au cœur, Dorila lui assène enfin un dernier coup de poing sur le sexe.

— Aie! aie! se lamente Henriette.

— Laisse-moi, va-t'en. Prends-toé un autre homme. Ça fait que j'aurai pus à recommencer à faire l'amour pis à manquer mon coup.

Henriette est morte de peur. Les dents lui claquent dans la bouche, elle sent son sang se glacer et se retirer de ses veines. Ses larmes se mettent à couler. Elle voudrait se protéger, mais comment? Elle n'ose bouger, craignant le pire. Son corps est pris de spasmes nerveux, elle a froid. Elle attend que son mari se calme, puis elle se lève enfin et prend une douillette dans la garde-robe. Elle s'enroule entièrement dedans, comme si c'était un sac de couchage. Elle crée ainsi une barrière physique entre elle et son mari. La douillette réchauffe son corps et les larmes réchauffent son cœur. Elle reste ainsi toute la nuit, se tenant sur ses gardes. Sait-on jamais?...

«Je n'en peux plus, je n'en veux plus, se répète-t-elle. Quoi faire? J'ai faim... j'ai froid... et j'ai peur.»

Elle s'endort par instants mais elle se réveille en sursaut, avec l'ombre de Dorila à ses côtés. Sa nuit se déroule en visions cauchemardesques. Elle tombe de rêve en cauchemar, de cauchemar en spasmes nerveux. Son corps se raidit et se convulsionne, puis il rebondit sur le lit comme un arbre mort, comme le bouleau que son père avait coupé au canton Antoine. Le froid de la mort ne cesse de parcourir son corps, ne laissant aucune place à la réalité. Le spectre du visage fou de Dorila la hante jusqu'au matin. Elle songe à se suicider, elle veut mourir. «Comment continuer cette maudite vie avec cet homme? se dit-elle. Mais les enfants? Mes enfants, que deviendraient-ils?»

Le lendemain matin, à son réveil, Dorila n'est plus là et lorsqu'il revient, Roméo, sa femme et ses deux enfants sont à la maison. Henriette ne pourra donc rien lui dire. Dorila est déjà très éméché. Il offre une bière à Roméo et à sa femme. Ils jasent entre eux et, malgré elle, Henriette sourit. Tout est si caché, si subtil, que jamais personne ne semble remarquer son angoisse, sa peur ou son désespoir.

Ce matin, Marcel avait taquiné sa mère en se levant. Il avait pincé ses lèvres comme il le faisait quand il était enfant, en disant:

266

«Pas bonne humeur, maman? Fâchée, maman?»

Il avait ainsi réussi à lui arracher un sourire.

«Non, j'suis pas fâchée, lui dit Henriette. Si j'suis pas de bonne humeur, c'est pas contre toi, c'est à cause que j'ai d'la peine.»

Henriette avait trouvé cette réponse toute faite lorsque les questions des enfants devenaient indiscrètes. Et, finalement, les questions n'allaient pas plus loin que les réponses. Les enfants, comme l'entourage, se fermaient les yeux et les oreilles. Henriette était-elle une bonne actrice ou une bonne menteuse? Pourquoi pas une bonne menteuse? Elle avait menti si longtemps pour la maison, pour l'argent. Et maintenant, ne ment-elle pas chaque jour au sujet de son travail? Elle ment quand elle dit que ce n'est que pour s'amuser qu'elle vend des produits de beauté plutôt que de dire que c'est pour combler son besoin d'argent. Henriette ment sur presque tout ce qui se passe dans sa vie, car elle ne doit rien dire. Elle doit jouer la comédie, faire semblant... cacher peines et souffrances. Son Dieu ne l'écoute plus et aujourd'hui elle ne trouve plus le moyen de se sortir du labyrinthe. Elle traverse un corridor interminable, bordé de fausses portes qui ne la mènent nulle part.

Cette manière de vivre la rend triste et amère. Il lui est impossible de se sortir de l'engrenage, cet engrenage de manigances et de faux-fuyants. Le mensonge devient plus vrai que la vérité elle-même. L'honnêteté, la véritable honnêteté envers les siens, envers sa famille et envers elle-même, elle ne la trouve plus.

Que sont devenues ses valeurs fondamentales? Elle ne peut les retrouver. Cet état de mensonge permanent effrite sa foi en Dieu et la fait se maudire. Sa vie de prières, de sacrifices et de mortifications, elle la maudit aussi parce que son Dieu l'a abandonnée et qu'il la laisse sombrer dans un abîme profond. Qu'est devenue la certitude qu'elle avait autrefois que son Dieu lui porterait secours? Elle n'a plus de pouvoir sur sa propre vie; cette vie qu'elle croyait bonne lui échappe comme une anguille qui nous file entre les doigts.

«Je maudis Dieu, je maudis ma vie et je me maudis de m'être laissée descendre aussi bas», se dit-elle.

Elle se pensait bonne mais, avec Dorila et comme Dorila, elle s'est enveloppée d'une fausse bonté. Aujourd'hui, elle regarde avec amertume tout ce gâchis.

«Éloignez de moi ce Dieu. Je ne veux plus entendre son nom. Que ce calice s'éloigne de

moi. Ce Dieu que j'ai tant prié, que j'ai tant sup-
plié, éloignez-le de moi, oui, éloignez son nom
de ma bouche. J'ai engagé ma vie sur sa voie et
selon son amour, et voilà que je suis inquiète,
bouleversée et révoltée. Revenir à ce Dieu?
Jamais!... Maudit soit Dieu qui a guidé ma triste
vie.»

Le nom de Dieu la révolte et celui de Dorila
encore plus. Sa propre vie lui répugne, elle aussi. Elle en veut à tout le monde et à elle-même.
Comment a-t-elle pu se laisser embarquer à ce
point? Elle n'a pas vu venir les coups, elle n'a
pas voulu les voir. Les coups de poing et les viols
de Dorila, elle les a offerts en sacrifice, en ex-
piation pour ses péchés. Péchés de la chair?
Non. Péchés d'envie? Oui, car elle envie ceux et
celles qui possèdent l'amour et le sexe.
Pourquoi pas elle?«Pourquoi cela ne m'arrive-t-
il pas à moi?» se demande-t-elle, frustrée.

Chapitre 16

Les taquineries familiales

Cette année, finies les écoles privées et huppées pour les enfants. Finies aussi les leçons de musique. Marcel a douze ans. Il fera sa septième année à l'école publique et, au printemps, il fera sa profession de foi. Jean-Paul, lui, a neuf ans. Il ira, lui aussi, à l'école publique ainsi que Martine qui entrera en première année pour ses six ans.

Henriette reste à la maison avec Jessy et, quand elle a des livraisons à faire, elle l'emmène avec elle. Lorsqu'il s'agit de rencontres un peu plus professionnelles, elle la confie à une voisine. Henriette va et vient, remplissant son rôle de mère tout en continuant son travail à la maison et à l'extérieur. Elle s'acharne à épargner à ses enfants la misère et la pauvreté qu'elle a connues. Elle se refuse à revenir à cet état de dénuement et de misère qui dégrade socialement, qui gruge l'intérieur de l'être et l'affaiblit dans ses valeurs les plus profondes. Ses enfants auront bien le temps de faire face aux soucis à leur tour. Elle croit que les épreuves se supportent mieux dans une maison luxueuse que dans un petit camp en bois rond où la promiscuité règne en maître.

«La misère? Ah non! Pas ça! Plus jamais ça!» se promet-elle.

Tout son passé lui revient en mémoire mais elle chasse de sa pensée ses souvenirs pénibles, car l'heure n'est plus aux apitoiements. Au contraire, il lui faut travailler de plus en plus fort, acquérir son autonomie, son indépendance et ne plus mentir. Henriette entend bien mettre les choses au point et avouer la triste vérité, soit qu'ils ont toujours tiré le diable par la queue.

Henriette s'entête tout de même à cacher à ses enfants toutes les difficultés financières et émotionnelles qu'elle doit affronter, pour ne pas les bouleverser. Peut-être qu'un jour elle leur en parlera, mais pas maintenant. Elle ne veut pas détruire l'image de leur père. Elle a trop souffert dans son enfance lorsque sa mère répétait inlassablement que leur père était fou. Elle veut leur éviter ce traumatisme. Ils verront de leurs propres yeux et ils entendront de leurs propres oreilles ce qui se passe. Malheureusement, elle réalise trop tard que ses enfants n'ont vu que ce qu'ils voulaient bien voir et n'ont entendu que ce qui leur convenait. Ils souffraient d'une sorte d'infirmité morale.

Henriette a à cœur de se sortir de sa situation et elle marche droit devant elle. C'est pourquoi les visites de son mari la laissent de plus en plus indifférente. Elle se sortira de ce merdier, elle triomphera de la misère, même s'il lui faut livrer seule la lutte. Elle ne peut compter sur personne, même pas sur ses frères et sœurs. Dieu lui-même lui tourne le dos. Elle le supplie quotidiennement de ne pas l'abandonner, elle prie et elle crie, mais il lui paraît si distant, si lointain, si inaccessible.

Cette fin de semaine, Henriette décide d'aller au chalet avec sa famille. Laurence a un ami de garçon et il sera de la partie. Il s'appelle Raymond et, comme Laurence, il aime la pêche et la campagne. Son seul défaut apparent semble être la vantardise mais c'est excusable, venant d'un jeune homme fringant et ambitieux. Laurence lui a souvent et longuement parlé du chalet, de sa situation géographique et du plaisir qu'il y avait à taquiner la truite.

— Tu verras, j'en prendrai plus que toi.

— T'en vante pas trop.

— Sois prêt de bonne heure. Nous arrêterons te prendre en passant.

Et le samedi matin, le jeune homme les attend, assis sur le bord de la route avec tout son attirail de pêche. Henriette est au volant, avec Laurence et Raymond à ses côtés et Jessy bien installée sur les genoux de sa grande sœur. Les trois autres sont à l'arrière. De l'arrière, Marcel taquine Raymond et Jean-Paul en a le fou rire juste à regarder les amoureux. La température est un peu fraîche, car le ciel est couvert de nuages et la pluie semble s'annoncer pour la journée. Mais on a tellement de plaisir que le mauvais temps ne dérange personne. À la campagne, tout est si différent. On aime entendre le bruit de la pluie qui tombe sur le toit de tôle du chalet.

— Ça serait d'valeur, dit Laurence, que la pluie perdure. On pourrait pas se faire un feu dehors.

— Ça sera pour une autre fois.

— J'aime ça faire griller des guimauves sur la braise.

— Vous vous en ferez sur les tisons du poêle, reprend Henriette.

— Oui, mais c'est toujours mieux dehors, hein maman?

Ils en arrivent tous à la même conclusion et se souhaitent du beau temps. Une fois rendus, Raymond et Laurence se préparent pour la pêche.

— J'te gage que j'vas prendre la première truite, dit Raymond.

— Tu m'connais pas, mon cher. J'sus la meilleure pêcheuse ici.

— Si c'é pas la première, ça sera la plus grosse.

— On verra... on verra..., dit Laurence dans un grand éclat de rire.

— Marcel et Jean-Paul, allez nous chercher d'l'eau.

— Oui, maman, mais seulement après que j'serai allé voir à mes grenouilles. J'les ai laissées dans leur cage la semaine dernière.

— Dépêche-toi, dit Laurence, parce qu'on prend cette chaloupe-là pour aller pêcher.

Henriette a vite fait de préparer des sandwichs pour les deux jeunes gens. Ils mangeront dans la chaloupe.

«Nous aussi, on mangera des sandwichs et ce soir, on préparera tous ensemble un copieux repas avec les truites que vous aurez prises.»

Les pêcheurs sont partis, les garçons sont occupés avec leur élevage de grenouilles et les deux petites sont restées avec leur mère.

Assise à la fenêtre, Henriette regarde tomber les gouttes de pluie sur l'eau. Elle est toujours fascinée par cette nature qui prend et qui redonne.

«Martine, Jessy, dit-elle soudain, venez, on va marcher sur le bord de la route.»

Elle aime recevoir en plein visage la pluie chaude de l'été; elle la perçoit comme une douce caresse.

«Depuis combien de temps m'est-il arrivé de me faire caresser? songe-t-elle. Pourquoi ne suis-je pas froide? Pourquoi ne suis-je pas comme ces femmes qui se marient pour se faire vivre par un mari généreux?»

Elle essaye de faire taire son besoin, son désir de baisers et de caresses amoureuses. Avec ses deux filles, elle cueille un bouquet de fleurs sauvages sur le bord de la route. Poursuivant ses pensées, elle se demande:

«Comment apaiser mes passions? Pourquoi l'amour de mes enfants ne me suffit-il pas? Bientôt, j'aurai quarante ans. Est-ce que je parviendrai à mater ce besoin sexuel qui semble ne plus vouloir mourir? Tuer... tuer ce besoin charnel...»

Elle interrompt son dialogue intérieur juste à temps pour voir une auto qui vient à toute vitesse.

«Martine! ne marche pas sur l'asphalte», crie-t-elle à sa fille.

Il était temps, car l'auto a frôlé l'enfant.

«Venez, on retourne au chalet», dit Henriette, troublée.

Trop obsédée par ses désirs, elle n'avait pas vu venir le danger.

«C'est le manque de sexe qui me rend folle, se dit-elle. Mon enfant aurait pu se faire tuer, sans que je puisse rien y faire. Folle... ah oui! je deviens folle...»

Elle se reprend à maudire son corps, son corps de chair, cette chair brûlante de passion toujours en attente, cette chair jamais assouvie qui la fait continuellement souffrir. Et, soudain, du fond de son être, une prière monte. Elle remercie Dieu d'avoir protégé son enfant.

«Comment ça? Qu'est-ce qui m'arrive? se dit-elle. Je pensais m'être débarrassée de ce Dieu. Je pensais l'avoir renié et éloigné à jamais de moi. Et aujourd'hui, à cause de cet incident, je me prends à le remercier. Serait-ce qu'il est encore là? Qu'il a toujours été là, une présence inconsciente au plus profond de moi? Serait-ce que mon Dieu qui paraît si lointain, si indifférent, soit encore près de moi?

«Ah mon Dieu! laissez-moi régler mes comptes avec Dorila. Mon mari se détache de moi. Il conjugue mieux avec l'alcool qu'avec moi. Il m'avait juré amour et fidélité et il me trompe avec la bouteille. Il trouve mon corps beaucoup trop chaud auprès du sien qui est beaucoup trop froid. Laissez-moi me venger. La haine et le désir de vengeance grandissent dans mon cœur et je me sens prisonnière. Mon Dieu, délivrez-moi de Vous. Mon mari m'a souvent dit de me prendre un autre homme, mais je n'ose envisager ce moyen de vengeance. J'ai peur, peur de l'homme, et peur aussi du péché. Si j'accepte une liaison clandestine, si je partage mon corps avec celui d'un autre homme, pourrai-je jamais me le pardonner? Pourriez-vous me le pardonner, mon Dieu? Aidez-moi. Amen.»

Sa prière terminée, elle s'avoue qu'elle éprouverait un plaisir certain à tromper son mari. Tout à ses pensées, elle revient lentement sur le bord de la route en tenant ses deux fillettes par la main. Arrivée au grand escalier, elle s'assoit quelques minutes avant de descendre. Elle ramène Martine et Jessy contre elle et elle les serre un peu trop fort. Brisée par l'émotion, elle se met à pleurer. Arrivée à la mi-descente, Marcel et Jean-Paul lui crient, enthousiastes:

— Maman, viens voir, vite!... Dans la cage, il y a les mêmes grenouilles que la semaine passée.

— Regarde, maman.

Et Marcel lance la grenouille à bout de bras dans le lac, puis il se penche au-dessus de l'eau et frappe avec le plat de la main. La grenouille vient aussitôt s'y poser.

«Tu vois, maman? Elle me reconnaît, j'l'ai apprivoisée.»

Ils sont enchantés de voir ce fait nouveau. Ils lancent la grenouille et elle revient constamment.

Grâce à ses enfants, Henriette retrouve encore une fois son équilibre et sa bonne humeur. Un peu apaisée, elle se dirige vers le chalet pour y faire du feu.

«Venez, les filles! Maman va allumer le poêle pour le souper. Nos deux pêcheurs devraient revenir bientôt.

En effet, peu de temps après, Laurence et Raymond arrivent en chaloupe.

— Puis, lequel des deux est champion?

279

— Ben voyons! Tu sais ben que c'est moi, dit Laurence.

— J'me r'prendrai demain, rétorque Raymond.

— Si tu peux, répond Marcel en éclatant de rire.

Et la taquinerie dure encore un bon moment.

— C'est assez, Marcel, lui dit sa mère. Tu as assez ri.

— Laissez-le faire, madame, j'me r'prendrai ben.

Les deux jeunes sont trempés par la pluie qui est tombée presque toute la journée. Ils enlèvent leurs habits de pêche et vont se relaxer un peu sur les deux divans.

Henriette s'affaire au souper, pendant que Martine et Jessy s'amusent en haut avec leurs jouets. Elle jette un coup d'œil furtif à sa fille Laurence. Elle aussi, dans quelques années, sera en mesure de fonder un foyer.

«Quel sera son sort, quelle sera sa vie? se demande-t-elle. Moi à qui on avait promis le bonheur, il fut de bien courte durée.»

Elle va s'asseoir dans la grande chaise berçante, avec comme seul bruit de fond, le bois qui pétille dans le poêle. Elle replonge facilement dans ses rêveries.

«Lorsque j'étais jeune, à l'âge de Laurence, j'ai aimé, moi aussi. Je rêvais à l'amour, le vrai. Je me voyais dans les bras de celui qui serait mon mari. Je m'imposais des sacrifices pour protéger ma virginité, pour n'appartenir qu'à celui qui unirait sa vie à la mienne. Et je devenais pour cet homme la femme aimante, bonne et dévouée qu'il souhaitait. Puis, il y a eu cette lutte morale entre ma vocation religieuse et le mariage. Les circonstances ont fait que j'ai marié Dorila. L'impuissance... la froideur... ont été mon partage. Depuis vingt ans, j'investis dans un couple qui n'en est plus un. Mes enfants ont un père qui n'en est pas vraiment un, non plus. Mais même si c'est une imitation de père, méritent-ils d'en être séparés ou privés?»

Aujourd'hui, elle se sent particulièrement fatiguée. Elle trouve que la vie est amère et injuste, elle voudrait trouver une issue qui lui serait favorable. Pas question de divorce ni de séparation, car ceux et celles qui choisissent cette voie sont rejetés socialement.

Soudain, Marcel et Jean-Paul entrent en trombe dans le chalet et, se dirigeant vers Raymond, ils lui lancent une grenouille en plein visage. Raymond se réveille en sursaut et part à courir après Marcel qui se sauve dehors et se met à courir autour du chalet en riant et en criant. Raymond finit par l'attraper et le ramène sur son épaule comme un sac de sable. Le calme revient vite quand Henriette annonce le souper. Les truites sont dégustées avec appétit.

«Celles que j'prendrai demain, dit Laurence, tu les apporteras à ta mère pour lui montrer que tu n'es pas un mauvais pêcheur.»

Raymond n'apprécie pas la farce et il se mord les lèvres pour retenir les mots aigres-doux qu'il a envie de laisser échapper. Il rit jaune car c'est un garçon fier et orgueilleux. Laurence contrebalance ainsi son caractère renfermé et peu combatif avec des remarques comme celle-ci.

* * * * *

Ayant trouvé une grotte dans la montagne d'en face, Laurence et Marcel l'avaient visitée et en avaient rapporté quelques vestiges. Le dimanche matin, Marcel suggère à Raymond de l'y conduire et celui-ci accepte de bon gré. Arrivés sur place, Marcel lui montre l'endroit, mais refuse d'y monter, prétextant qu'il y est déjà allé plusieurs fois. Raymond se résigne et escalade donc seul le rocher. Aussitôt celui-ci hors de sa vue, Marcel s'enfuit avec la chaloupe et le laisse sans aucun moyen de retour.

Pendant ce temps, Henriette, Laurence et les autres enfants sont assis dehors, profitant d'un meilleur temps que celui qu'ils avaient eu la veille. Tout à coup, ils entendent des cris venant de l'autre côté de la montagne.

— Écoute, Laurence, on dirait la voix de Raymond, dit Henriette.

— Il est parti avec Marcel, réplique Laurence.

— On dirait qu'il appelle à l'aide. Vite, des fois qu'ils aient eu un malheur.

Sans hésiter, Laurence saute dans l'autre chaloupe et se dirige vers l'endroit d'où provient la voix. Elle retrouve son amoureux perché en haut du rocher. Marcel était reparti à son étang de têtards et il avait totalement perdu la notion du temps. Pauvre Raymond! Une autre farce qu'il n'a pas appréciée.

La journée est belle et ensoleillée et, comme toute la famille, Henriette la goûte pleinement. Raymond se remet à la pêche, il en est tout gonflé d'orgueil. La fin de semaine terminée, ils sont tout de même heureux de revenir à la ville. Quand l'été commencera pour de bon, Henriette souhaite pouvoir venir passer toutes les vacances au chalet. C'est là qu'elle retrouve son équilibre et sa joie de vivre.

Chapitre 17

Un pas vers la liberté

Cette année-là, Pâques arrive tard en avril. Le vent et la pluie ont déjà presque dévoré la neige. Le champ du séminaire, derrière la maison, montre de grandes étendues de terre souvent boueuse qui surgissent de partout. Les jeunes garçons du quartier, y compris Marcel et Jean-Paul, s'apprêtent à aménager leur terrain de baseball. Ceux-ci en reviennent tout pleins de boue avec la chienne Miquette qui traîne derrière eux, couverte de boue, elle aussi. Elle court dans la place sans se soucier des dégâts qu'elle laisse sur son passage.

«Les garçons, dit Henriette, emmenez Miquette dehors et lavez-la avec la *hose* à l'eau.

Ils repartent aussi vite s'empressant d'accomplir la tâche demandée. Henriette les observe par le fenêtre.

«Non, je ne peux pas briser cette ambiance familiale, se dit-elle. Il faut que chacun de mes enfants ait au moins la chance de connaître une vie de famille normale.»

Bien sûr, la plupart des enfants se doutent de leur mésentente, mais au moins, le noyau n'a pas encore éclaté. Cependant, le cœur d'Henriette est éclaté depuis longtemps et, comme beaucoup de femmes, elle vit en fonction des êtres qui dépendent d'elle. Elle attache une grande importance à l'affectivité. Son besoin d'amour n'a d'égal que son désir de donner l'amour.

Elle se remémore la naissance de chacun et se sent tout à coup heureuse d'être mère. Seule la femme peut ressentir ce chavirement et éprouver au fond de son cœur ce sens de possession, car c'est elle qui a tenu dans ses bras cet enfant à qui elle a donné la vie. Son existence est donc liée à l'existence de ces êtres qu'elle aime plus qu'elle-même.

* * * * *

Pâques est passé et la vie a repris son cours, faite d'heures et de jours monotones ou agités, selon l'humeur ou le comportement de Dorila et des enfants. Au travail, Henriette met les bouchées doubles pour parvenir à nourrir toutes les bouches.

Ce n'est qu'après le coucher des enfants que sa solitude intérieure lui pèse. Elle est très fatiguée, mais elle ressent pourtant un soulagement de les savoir couchés. Dorila vient la rejoindre à la cuisine. Elle a le cœur gros, gonflé de chagrin mais elle adopte un air narquois, plutôt que de montrer son embarras et sa peine à son mari. Les échanges n'existent plus entre eux et Henriette a perdu depuis longtemps le goût du dialogue. A-t-il seulement déjà existé? Ou n'y a-t-il eu, le plus souvent, que des monologues? En tout cas, leurs conversations sont vides.

«Quelle inutile perte d'énergie!» songe-t-elle.

Les jours allongent. Accoudée à la fenêtre, Henriette contemple, encore ce soir, le merveilleux coucher de soleil. Miquette la regarde de ses bons yeux de chienne fidèle. L'amour de ces bêtes est toujours plus sincère que celui des humains. Miquette la réconforte et elle sert de sujet de conversation pour le couple. Dorila en parle et Henriette s'y intéresse au plus haut point. Et, encore une fois, les vraies choses ne seront pas dites. Demain ramènera son cours normal de soucis et de travail.

Henriette n'espère plus grand-chose de la vie. L'espoir, c'est parfois plus stimulant que le bonheur mais, pour elle, l'espoir se meurt un peu plus chaque jour. Marcel devient un homme, les autres enfants poussent à vue d'œil et Jessy entrera à la maternelle dès l'automne.

Un grand projet de centre commercial est en cours dans le quartier et il doit compter plusieurs magasins. Henriette songe à y demander du travail régulier, car depuis que son mari utilise la voiture, son travail actuel en souffre, les livraisons de produits ne s'effectuant plus au même rythme.

À son retour d'Outardes 4, Dorila avait cherché du travail un peu partout, sans trop de succès, mais une compagnie d'asssurances lui avait offert un travail de vendeur et il l'avait accepté, sans grand enthousiasme. Cependant, les gages étaient peu élevé, mais la famille trouvait quand même le moyen de survivre.

Et Dorila menace toujours de vendre la maison et Henriette continue de montrer son désaccord.

«Il faut quand même se loger quelque part et avec l'argent que nous donnons pour l'hypothèque, on n'pourra pas se loger ailleurs.»

Elle peut dire que cette maison, elle la porte à bout de bras et sur la pointe de son cœur. Chaque fois que Dorila aborde le sujet de la vente, elle reçoit comme un coup de poignard qui lui traverse les viscères et la lacère du haut en bas de son corps. C'est primordial pour elle et elle n'accepterait rien de moins pour elle et pour ses enfants... Elle sait qu'un espace vital est nécessaire à leur bon développement physique et mental.

Ses enfants, encore ses enfants! Elle se prolonge en eux, elle pense à leur avenir, comme si c'était possible de le bâtir pour eux. Elle s'unit à eux dans la poursuite de leur destin, un destin qu'elle entrevoit très grand, un avenir qu'elle veut sans failles, sans échecs, sans épreuves. Un destin heureux, un bonheur comme elle l'avait désiré.

Elle s'accorde un pouvoir sur leur avenir, un pouvoir que seules les mères peuvent s'approprier. Seule la femme a la certitude de l'appartenance de ses enfants, car elle les a sentis dans tout son être et dans toutes ses tripes bien avant qu'ils naissent. Même si, un jour, les circonstances les changent au point qu'ils deviennent comme des étrangers, elle continuera de partager leurs joies et leurs peines. Elle porte aussi Dorila... et la maison, et bien d'autres choses encore.

C'est le mois de juillet. Il fait beau et, même à sept heures, le soleil brille encore de tout son éclat. Toute la famille est assise dans la cour arrière et Laurence raconte avec entrain sa journée de travail. Elle aime le nouvel emploi qu'elle occupe depuis sa graduation. Plus loin, on peur voir Marcel et Jean-Paul qui vont et viennent, fiers de se pavaner avec leurs nouvelles bicyclettes. La conversation est animée jusqu'au coucher du soleil, alors que l'obscurité descend doucement sur les choses. Soudain, Henriette annonce à ses enfants:

— Cet après-midi, j'suis allée me chercher un emploi. À l'automne, quand Jessy commencera l'école, j'irai travailler comme vendeuse dans un grand magasin au nouveau centre d'achats.

— T'é contente, maman? demande Marcel.

— Oui, pis on pourra garder not'maison.

— J'sus contente pour toé, maman, reprend Laurence.

— Youpi! crie Marcel.

Et les autres de crier comme leur frère: Youpi!... Youpi!...

Henriette éprouve une certaine culpabilité à l'idée de devoir quitter la maison pour aller travailler. Aussi est-elle très émue par leur réaction. Elle comprend que le pouvoir qu'elle exerce sur eux basculera bientôt en même temps qu'ils entreront dans le monde des adultes.

Dorila travaille, comme tous les soirs et lorsqu'il arrive, il entre dans la conversation. Henriette lui annonce alors la bonne nouvelle et il semble s'en réjouir. Le magasin où elle a obtenu son emploi n'ouvrira ses portes qu'à l'automne, mais les plans sont déjà dressés pour accommoder tout le monde.

— J'préparerai le repas du midi avant de partir le matin, leur dit Henriette.

— Pis moé, je viendrai le servir à onze heures, reprend Dorila.

— Quand j'arriverai à midi et demi, j'préparerai le repas du soir, ajoute Henriette.

L'horaire de Marcel, qui est au secondaire, s'étend de huit heures à treize heures trente. Vu que Jessy va à la maternelle l'avant-midi, son frère sera donc avec elle durant l'après-midi. Ainsi, il y aura toujours quelqu'un de responsable à la maison et Henriette se sentira moins coupable de ne pas être là.

«En tout cas, ça nous donne le temps d'y penser. C'é juste à l'automne, ajoute Henriette pour se déculpabiliser. C'é mieux que tout l'monde soit d'accord.»

Durant l'été, la famille ne va au chalet que les fins de semaine, car Laurence travaille et Dorila a besoin de la voiture. C'est donc impossible d'y passer des semaines entières.

La vie a beaucoup changé à la maison. Henriette a vécu seule trop longtemps et les relations entre elle et son mari sont au calme plat. Même s'il n'y a pas de chicanes, c'est la guerre froide entre eux.

De nature boudeuse, Dorila reste souvent assis dans son fauteuil sans dire un mot. Après avoir travaillé longtemps dans le domaine du camionnage, son travail d'agent d'assurance lui apparaît une lourde tâche. Son emploi l'accapare tout le jour, et même le soir.

Depuis leur faillite, parents et amis se font plus rare. Parfois, un couple vient en passant le dimanche après-midi, mais les visites sont beaucoup plus éloignées et beaucoup moins longues qu'avant. «Finies les noces à Tobi!»

Bien sûr, il n'est plus question de relations sexuelles entre les époux. Le plus souvent, Dorila dort sur le divan. Henriette a toujours l'impression de vivre au bord d'un précipice, avec la crainte constante d'y glisser. Elle retient son souffle au bord du vide et de la détresse et un silence oppressant vient s'installer autour d'elle. Elle attend que le fil casse.

La réussite de ses enfants est l'ultime motivation qui la soutienne. Elle insiste constamment sur la nécessité des études et sur l'effort à fournir. Bien sûr, elle voudrait qu'aucun de ses enfants ne la déçoive jamais. S'il fallait que ses beaux rêves s'écroulent, elle serait bien capable de s'attribuer la responsabilité de leurs échecs.

* * * * *

Marquant la fin des vacances, septembre est une époque pleine d'activités. Les enfants changent de classe. Marcel continue son secondaire, Jean-Paul entre en secondaire I, Martine est en quatrième année et Jessy en première année.

«Mon Dieu! Que les enfants grandissent vite! soupire Henriette. Que vais-je faire quand ils seront tous partis? Mais tout cela est encore bien loin», se rassure-t-elle.

En attendant son futur travail, Henriette met en place les éléments de sa nouvelle organisation. Elle est contente d'avoir trouvé un emploi régulier, mais elle est également angoissée à la pensée qu'elle ne sera pas là pour entendre plaintes et joies journalières lorsque ses enfants rentreront de l'école. Elle comprend maintenant que l'enfantement moral ne fait que commencer et qu'il est plus douloureux que l'accouchement physique. Le mal de l'âme ne connaît aucun répit. Le don de soi n'implique-t-il pas de se dévouer entièrement aux autres?

Chapitre 18

Les noces de Gertrude

Henriette profite du beau temps pour se bercer une dernière fois dans la balançoire avant les premières neiges. Les arbres montrent toutes leurs couleurs et elle remercie le Grand Peintre et Décorateur qui a réalisé d'aussi magnifiques tableaux. Le soleil descend derrière les monts Sainte-Marguerite et le globe rougeoyant modifie à chaque instant les couleurs des arbres avant de disparaître lentement à la tombée de la nuit.

Dorila arrive avec la voiture. Comme il fait sombre, il n'a pas vu sa femme assise dans la balançoire.

— Bientôt, il faudra changer la voiture, dit-elle.

— C'é l'argent qui m'en empêche.

— Ça viendra... ça viendra.

La compagnie d'assurances qui emploie Dorila a accepté le fait qu'il soit sur la Loi Lacombe. À chaque semaine, elle déduit sur son salaire le montant prévu par la Loi. L'automobile a beau tomber en ruine, les créanciers sont toujours aussi nombreux. Pour faire face à ses dettes, Dorila emprunte constamment à ses parents et à ses amis, espérant un avenir meilleur. Il souhaite que le nouveau travail d'Henriette pourra combler le déficit.

Demain, c'est le grand jour, celui de l'ouverture du centre commercial Place du Saguenay. Henriette commencera sa première journée de vendeuse et de chef de département. Tout a été bien rangé sur les comptoirs et classé par styles et par numéros. Les quantités ont été comptées et recomptées pour que l'inventaire soit bien tenu.

— J'pense que j'ai rien oublié, dit Henriette.

— Ben non, maman, ça va ben aller.

Et chacun part pour l'école en souhaitant bonne chance à leur mère. Marcel remonte du sous-sol et s'avance sur le palier, demeurant un peu en retrait des autres. Il crie, lui aussi:

— Bonne chance, maman! Je t'aime, maman.

— Merci! lui dit Henriette, la larme à l'œil.

Lorsqu'elle arrive devant le magasin, une foule est déjà rassemblée devant et jusque dans le terrain de stationnement. Henriette en est surprise car, habituée à confectionner elle-même ses vêtements et ceux de ses enfants, elle magasine rarement. À neuf heures pile, les portes s'ouvrent et la foule se précipite à l'intérieur. Deux heures plus tard, les étalages sont presque vides et les comptoirs saccagés. Jamais Henriette ne se serait doutée d'un tel raz-de-marée.

Heureusement qu'elle a cuisiné des plats à l'avance pour la famille, car elle est encore bouleversée à la pensée qu'elle ne sera plus à la maison pour accueillir tout son monde. Mais le besoin de gagner son propre argent est devenu impératif. Sa revalorisation personnelle prend le dessus.

Un peu avant Noël, Florentine vient lui demander si elle donnera le réveillon.

— Maman, j'ai pas les moyens.

— Ah! j'savais pas.

— Pourquoi penses-tu que j'travaille?

— Ben oui... ben oui! Mé on é tellement habitué de fêter icite.

297

— Icite, maman, c'é pus pareil.

Florentine hoche la tête en signe d'approbation. Mais elle ne semble pas croire que sa fille soit dans le besoin.

— Mé tu sais bien que Dorila nous r'fusera pas ça.

— Ah oui! j'le sais, mais ça m'donne pas les moyens.

— Si chacun achetait c'qu'y faut, accepterais-tu?

— Oui, ça du bon sens. Oui, j'accepte.

Toute souriante, Florentine retourne chez elle. Elle a encore gagné la partie.

«J'pense que j'me suis encore fait avoir», songe Henriette.

Chacun a fourni quelque chose, surtout de l'argent, et chaque soir, Henriette prépare tous les plats nécessaires au réveillon: tourtières, pâtés à la viande, dinde, jambon, mokas, biscuits, etc. Il y a belle lurette qu'elle n'en peut plus de ces réveillons et de ces soirées interminables.

— Y faut ben s'rencontrer. Jamais j'croirai que tu veux pus voir ta famille, avance Dorila.

— C'é pas que j'veux pus, mé j'sus fatiguée.

— Toé, fatiguée? Ben, fais-moé rire.

— Ris... ris... Dorila, un jour tu riras pus.

Le soir du réveillon, toute la famille est en effervescence. La plupart sont venu porter les cadeaux à l'avance. Il y en a quelques centaines. C'est la folie furieuse. Les deux familles Tremblay et Brassard y sont. Il y a Gertrude avec son futur mari et Laurence avec un nouvel ami. C'est Alfred qui fait le père Noël: il en faut un pour les tout-petits.

Henriette sert le réveillon tout de suite après la messe de minuit, car le dépouillement de l'arbre de Noël peut durer une partie de la nuit. Lorsque le dernier cadeau est développé, le jour commence à pointer à l'horizon et les invités ont englouti des centaines d'onces d'alcool, de vin et de bière. Plusieurs restent pour le lendemain et la fête bat son plein pendant encore quelques jours.

Deux jours plus tard, quand Henriette va reprendre son travail, il y a encore des invités à la maison. On peut s'amener chez eux sans invitation, c'est le mot d'ordre. On y entre comme on veut et quand on veut. Henriette n'a aucun pouvoir là-dessus. Et depuis qu'elle occupe un emploi à l'extérieur, les enfants s'accordent le droit d'en faire autant avec leurs amis. Henriette n'a plus de pouvoir, Henriette souffre.

Pendant les grands froids d'hiver, la voiture familiale commence à faire des siennes et Dorila n'ose plus prendre de rendez-vous avec ses clients. Au printemps, elle ne tient plus que par de la ferraille rouillée. Impossible d'obtenir du crédit nulle part à cause de la cession de dettes à la Loi Lacombe. Cette loi protège de la saisie mais, en contrepartie, elle interdit accès à tout crédit supplémentaire. La voiture est vraiment en décrépitude.

Henriette, qui dépose régulièrement son salaire à la banque, veut essayer d'obtenir un prêt. Il faut choisir une voiture de seconde main. Sans rien dire, elle profite de sa journée de congé pour faire le tour des garages cherchant quelque chose de «beau, bon, pas cher». Elle fixe enfin son choix sur une *Chrysler* soixante et un. Après avoir pris entente avec le vendeur, elle prend possession de la voiture le lendemain, à la porte du magasin, après son travail. Elle a obtenu son prêt sans que Dorila ait eu besoin de signer. Quand elle entre dans la cour de la maison avec sa nouvelle voiture, Marcel et Jean-Paul s'écrient:

— Maman, c'é à qui l'auto?

— C'é à moé. J'viens de l'acheter, allez chercher vot'père.

— Ça s'peut pas, dit Dorila en se prenant la tête à deux mains.

— Tiens, voici la clef, dit Henriette. Tu peux la prendre, elle est à nous. Tu feras faire un autre set de clefs.

— Ah! qu'elle est belle! s'écrient les deux garçons.

Dorila en fait le tour. Il est content. Enfin, il pourra travailler plus à son aise. Henriette est fière d'avoir pu faire toute seule sa première transaction. Pour elle, c'est une belle victoire en tant que femme. Elle sait maintenant qu'elle peut faire des affaires.

Dorila fait fabriquer un second trousseau de clefs mais il le donne à Laurence.

— Pis moé, qu'est-ce que t'en fais? demande Henriette, vexée.

— J'ai pensé que t'en avais pas besoin, t'es à deux pas de ton travail.

— Ah! bon!...

Incapable de parler, Henriette ravale les mots qui lui montent aux lèvres. Le coup de poing qu'elle vient de recevoir au cœur lui fait trop mal. Mais, plutôt que de partir une polémique, elle se serre les lèvres et garde le silence.

«Maintenant qu'on a un nouveau char, on va aller aux noces de Gertrude. Sans ça, on aurait été obligé de rester à la maison», lance Dorila à sa femme.

Malgré la grande différence d'âge qu'il y a entre Henriette et Gertrude, une grande amitié unit les deux sœurs. Il s'est créé entre elles une communion d'esprit et de cœur peu commune. Elles se confient leurs goûts et leurs affinités et elles constatent qu'elles ont les mêmes. Alors qu'elle était encore étudiante, Gertrude gardait les enfants et faisait de petits travaux journaliers. Elle démontrait ainsi son caractère ferme et décidé.

À trente-trois ans, c'est celle qui a résisté le plus longtemps au mariage. La famille la traitait comme une vieille fille. Florentine avait voulu la marier bien des fois, mais elle ne s'était jamais laissé influencer. Cette force de caractère qu'Henriette n'avait pas su mettre en pratique, elle l'admire chez sa jeune sœur. Avec les années, Gertrude est devenue sa confidente et sa meilleure amie. Mais, parce que sa sœur était célibataire ou parce qu'elle avait peur de perdre son amitié en lui disant la vérité, Henriette ne lui parla jamais de l'impuissance de Dorila ni de la haine qu'elle éprouvait pour leur mère. Pour Gertrude, comme pour toute la famille, Dorila restait le bon garçon sans reproches.

Aujourd'hui, alors qu'elle assiste à son mariage, Henriette ressent dans son cœur comme une coupure, une interruption dans le fil conducteur de leur amitié.

Gertrude a eu bien des prétendants. Mais celui dont Henriette se souvient le plus, c'est John. C'était un officier de l'aviation canadienne, et Henriette se rappelle encore le jour où il les avait tous réveillés en survolant le chalet en rase-mottes. Elle se souvient également de la robe qu'elle lui avait confectionnée pour le bal des officiers.

Gertrude avait acheté des mètres et des mètres de dentelle rose et c'est Henriette qui avait dessiné le modèle. Il s'agissait d'une robe genre bustier, retenue aux épaules par deux fines bretelles spaghetti. La jupe descendait jusqu'à la cheville en trois larges frisons superposés. On fit teindre de vieux souliers blancs pour harmoniser le tout. Lorsque John l'avait vue, il avait écarquillé les yeux de surprise.

Comme dans un film, Henriette voit tous ces souvenirs se dérouler dans sa tête. Elle regarde Gertrude, agenouillée au pied de l'autel, qui unit sa vie à celle d'Hector. Ce ne sera plus jamais pareil comme avant.

Chapitre 19

L'agression

Au cours de ce même été, Dorila et Henriette sont invités à un autre mariage, chez un ami, à Baie-Comeau. D'ailleurs, les amis avec lesquels ils s'étaient bien amusés au cours de toutes ces longues années avaient tous un enfant à marier. Même Laurence, leur propre fille, parlait aussi de se marier à l'automne.

Henriette et Dorila ne sont pas prêts à l'envisager, mais ils n'y peuvent rien. Pour eux, le mariage est une suite de malheurs et, si ce n'était des enfants, il y a longtemps qu'ils se seraient quittés. Les enfants, eux, iront chacun leur chemin, sans trop se soucier de leurs parents.

Pour Henriette, le mariage n'a plus le même sens qu'autrefois. Elle en éprouve tellement d'amertume qu'elle ne le souhaite à personne. Elle se sent depuis si longtemps prisonnière de ce sacrement indissoluble. Elle voudrait posséder le pouvoir d'empêcher ses enfants de subir cette épreuve.

Dorila et Henriette partent seuls en voiture pour le voyage à Baie-Comeau, car personne d'autre, dans la famille, n'a été invité. Ils prennent la route de bonne heure le matin. Dorila a déjà pris plusieurs consommations et il a fait des provisions pour le parcours. La cérémonie a lieu à cinq heures, ils ont tout leur temps. Dorila boit sans arrêt tout en conduisant.

— Cesse de boire, tu bois trop, lui lance tout à coup Henriette.

— Ah oui? Tu trouves?

— Ça fait longtemps que j'trouve que tu bois trop.

— Ça fait longtemps que t'aurais dû me l'dire.

— À cause que j'pense que t'es assez grand pis qu'tu dois savoir ce qu'il faut faire.

— Tu devrais... tu devrais... ma femme...

— Ta femme! Laisse-moé rire. Ta femme juste pour la face, juste pour sauver la face.

— Si tu voulais, on pourrait se r'prendre.

— Se r'prendre en quoi? Y a pus rien entre nous.

— Si tu voulais...

— Pis toé, qu'est-ce que tu veux? Y faut que ça soit moé qui veuille toute seule, je suppose?

— J'sus tellement mal, si tu savais.

— C'é pas à boire comme tu bois, pis à agir comme tu agis, qu'les choses vont s'arranger.

D'un coup de freins sec, Dorila arrête la voiture sur le bord de la route. Il descend et va uriner au bord du bois. Henriette descend elle aussi. Elle traverse la route et va s'asseoir sur le bord de la rivière Sainte-Marguerite. Tout est paisible, la nature est si belle. Une petite brise vient doucement lui caresser le cou. Dorila vient la retrouver.

— Tu sais, dit-elle, moé j'resterais ben icite plutôt que d'aller aux noces.

— T'é encore de travers, j'suppose?

— J'suis pas de travers, mais j'aime pus ça, les noces. J'trouve ça hypocrite.

— C'é toé qui es hypocrite.

— Moé, hypocrite? Tu t'vois pas, pis t'é menteur comme ton père en plus.

— Parle pas d'mon père, y m'a assez conté d'menteries.

— Tu vois bien comment il est. Maintenant, c'est aujourd'hui que tu l'réalises.

— J'veux pas être menteur comme lui.

— C'é ben d'valeur, mé t'es comme lui, Dorila Brassard. Toé non plus, t'es pas toujours correct.

— En quoi, par exemple? demande Dorila.

— C'printemps, quand j'ai acheté le char...

— Tu vas me r'noter l'char, astheure?

— Non... non... pas l'char, mais les clefs, par exemple. Quand j'ai acheté l'char, j'étais contente. Mais quand tu as fait faire des clefs supplémentaires, tu les as données à Laurence.

— J'pensais jamais que tu r'parlerais de ça.

— Ben non, ben croire. Ben moé, j'ai pris ça comme une grave injustice.

— T'é jalouse de Laurence?

— Non, mais j'aime la justice.

Fou de rage, Dorila lève les mains en l'air, ne voulant plus en entendre davantage. Il s'approche de sa femme et la pousse dans la rivière. S'accrochant aux roches qui sont au bord de la cascade, Henriette crie:

«Es-tu fou, toé? Es-tu devenu fou ou quoi?»

Le regard vitreux, les yeux hagards, Dorila descend vers elle. Elle lui tend la main pour avoir du secours, mais quand elle essaie de remonter, Dorila lui donne un coup de pied sur l'épaule pour la repousser plus loin.

«Tiens, ma maudite, meurs.»

Cherchant toujours à s'agripper aux rochers, Henriette se met à dériver et, soudain, elle s'enfonce davantage. Le courant l'emporte au loin. Mue par une force insoupçonnée, elle s'accroche encore avec le désespoir d'un noyé. Elle pense à la mort. Elle y fait face encore une fois, à cette mort, cette mort depuis si longtemps apprivoisée, cette mort qui peut venir comme ça, un matin de noces.

Son corps glisse encore et est aspiré dans un trou chaud et profond. Elle coule à pic. Sa pensée va alors vers ses deux petites dernières, Martine et Jessy.

«Que vont-elles devenir si je meurs?» se tourmente-t-elle.

Laurence, Marcel et Jean-Paul sont capables de se débrouiller, mais les deux petites, les deux petites... Quand elle remonte pour la deuxième fois, elle entend des voix et perçoit des ombres.

«Suis-je déjà rendue dans l'au-delà?» se demande-t-elle.

Et elle se met à réciter son acte de contrition. Elle sent alors son corps s'accrocher à un rocher. Elle le touche. Les voix qu'elle entend maintenant ne sont pas celles des anges, elle n'est pas morte. On la rassure et on la transporte sur le bord de la route.

«Comment avez-vous fait pour vous rendre jusque-là?» lui demande un des hommes.

Elle ferme les yeux. Ils sont embués de larmes. Elle ne veut rien dire. Dorila parle, parle et explique que sa femme s'est trop avancée, qu'elle a glissé et est tombée dans le gouffre.

— J'pouvais pas aller la chercher, j'sais pas nager.

— Pas besoin de savoir nager, reprend un des sauveteurs.

Il se rend bien compte que Dorila est ivre et, en se tournant vers Henriette, il lui dit:

— Eh bien! vous avez été chanceuse qu'on s'adonne à passer.

— Merci, Monsieur, si vous saviez...

Elle veut leur dire: Emmenez-moé! mais les forces lui manquent et le courage aussi. Les trois hommes, trois pêcheurs, la portent jusqu'à l'auto.

«J'veux m'coucher derrière», dit-elle.

Un peu dégrisé, Dorila reprend le volant et se dirige vers Baie-Comeau.

L'ami qui les reçoit a déjà loué des chambres au Manoir Baie-Comeau, où aura lieu le banquet. Dorila connaît l'endroit et s'y dirige directement. Plusieurs des invités sont déjà arrivés et ils viennent au-devant d'eux. Pendant que Dorila transporte les valises, Henriette s'informe à la réception pour avoir une mise en plis. Pas un mot ne sort de sa bouche pendant tout le temps qu'on la coiffe et quand tout est terminé, elle se dirige vers sa chambre, la tête basse, espérant ne rencontrer personne qu'elle connaît. Elle regarde à sa montre: il est deux heures et son mari est absent.

«J'ai l'temps de dormir un peu», se dit-elle.

Elle se sent lasse. Et comme une voleuse, comme une coupable, elle s'empresse de fermer la porte à clef et se jette sur le lit en pleurant. Elle pleure... et pleure jusqu'à épuisement et s'endort enfin. Elle est présente à la cérémonie et au repas, mais son esprit et son âme sont absents. Elle parle et rit avec ses amis, comme pour oublier sa peur. Son esprit maudit Dieu de l'avoir tirée encore une fois de la mort, cette mort qui lui ferait quitter cette terre maudite et les gens qui l'habitent.

«Je les hais, ces gens qui sont autour de moé, se répète-t-elle. Je les maudis comme toé,

311

mon Dieu, et je maudis ce corps qui ne veut plus souffrir.»

Deux hommes, des amis de toujours, viennent s'asseoir de chaque côté d'Henriette, repoussant Dorila plus loin, en face d'eux. Pendant qu'ils la taquinent, Dorila raconte l'incident qui est arrivé le jour même. Il le raconte si bien et avec un air si malheureux qu'il réussit à se faire plaindre. Il semble si sincère dans ses paroles et dans ses gestes que personne ne pourrait le soupçonner d'un crime. La victime, c'est Dorila.

Il est assis en face de sa femme, les deux coudes appuyés sur la table, tenant sa cigarette d'une main et son verre de cognac de l'autre. Son visage est à demi embrumé et son regard menaçant. Henriette en a vraiment peur. Depuis qu'il l'a battue dans le lit, elle redoute sa violence. Mais, cette fois-ci, elle ne peut plus avoir de doute sur ses intentions.

«Il me tuera, pense-t-elle, il a un regard de tueur.»

Elle a peur, très peur. La soirée se poursuit. Le repas terminé, les musiciens s'installent et entament la valse traditionnelle des mariés. Dorila vient chercher Henriette et, comme tous les couples, ils dansent et valsent à travers tous ces gens qui semblent heureux et réjouis.

312

Quelle mascarade! Quelle hypocrisie! Quand tout cela prendra-t-il fin?

Henriette aime la danse. Ceux qui la connaissent savent qu'elle a toujours dansé d'une manière réservée: pas d'étreinte trop étroite, pas de corps à corps. Pourtant, ce soir, un homme s'approche, la salue et l'invite à danser. Il la conduit sur la piste sans dire un mot, puis il la prend dans ses bras et la serre contre lui. Henriette ne résiste pas.

— Ça fait plusieurs années qu'on t'a pas vu, dit-elle.

— J'suis en train de faire un gros contrat à Wabush.

Et, à nouveau, Henriette laisse aller son corps, sans retenue. Quand la musique s'arrête, l'homme la reconduit à sa table et ne revient plus.

«A-t-il senti ma détresse et mon désespoir?» se demande Henriette.

Elle n'avait pas vraiment pris conscience de son abandon. Elle cherchait quelque part le goût de vivre. La soirée terminée, la chambre se remplit d'amis. Henriette se laisse choir sur le lit et s'endort en écoutant des farces plates et des histoires de gars chauds qui ne cessent qu'au petit matin, quand les bouteilles sont vides.

Dorila dort quelques heures et repart courir les corridors, dans l'espoir d'y rencontrer quelqu'un qui aurait une bouteille à lui offrir. Il est devenu alcoolique à un point tel qu'il ne trouve presque plus le repos. La bouteille est devenue pour lui une maîtresse si passionnée et si exigeante qu'elle le tient sous son emprise jour et nuit. Il est continuellement assoiffé et la bouteille accroît encore et toujours son besoin de boire, creusant ainsi un gouffre béant qui le rend toujours plus vide et insatisfait.

Henriette fait la grasse matinée. Les invités se rendront durant l'après-midi au chalet d'Armand et d'Olivette. Henriette en profite donc pour se reposer. Soudain, elle sent une présence auprès d'elle. Elle n'ose pas ouvrir les yeux, pensant que c'est Dorila qui lui fait des avances amoureuses. Lorsque les lèvres de l'homme se posent sur sa bouche, elle sait que ce ne sont pas celles de son mari, mais elle se laisse quand même embrasser.

— Qu'est-ce que tu fais? s'écrie-t-elle. Es-tu fou? S'il fallait que Dorila te voie ici. Va-t-en.

— Inquiète-toé pas. Le bar de l'hôtel vient d'ouvrir et il est déjà là.

— Va-t'en... va-t'en. J'ai tellement peur de lui.

Et l'ami se retire, sans plus de manière.

Au chalet, les invités sont tous arrivés avant eux. Depuis hier, le temps est au beau; c'est rare à Baie-Comeau. Pointe-Lebel est un lieu magnifique. De l'endroit où ils se trouvent, le soleil miroite sur le fleuve qui se ride à peine tellement le temps est calme. En regardant la mer, Henriette sent un grand frisson lui parcourir le dos. Hier, elle a frôlé la mort. Plus elle approche de l'eau, plus le vertige s'empare d'elle.

Des tables bien garnies ont été installées sur la grève, donnant l'illusion qu'ils se trouvent sur un navire. Des plats et des boissons de toutes sortes ont été placés ici et là à la disposition des mangeurs et des buveurs. Tout est pompeux, gigantesque. Ferdinand et Rachel viennent retrouver leurs amis de Chicoutimi. Henriette jase avec Rachel qu'elle n'a pas vue depuis un bon bout de temps.

— Pourquoi vous venez pas nous voir à la maison? Ça nous ferait plaisir.

— J'ai pas l'temps, répond Rachel. Ferdinand a une grosse entreprise et c'est moé qui s'occupe de la comptabilité.

Ferdinand s'approche.

— J'ai une bonne idée, Henriette. On va descendre avec vous autres. Mon fils va conduire mon char, pis nous autres, on sera ensemble.

— Comme ça me fait plaisir! Tu sais pas comment.

Henriette se remet à espérer.

«Ont-ils deviné ce qui se passe?»

Elle se le demande, mais pour elle, c'est comme un miracle.

«Henriette, prends l'volant, crie Dorila. Moé j'sus trop chaud.»

Henriette est sauvée. Les deux femmes s'assoient à l'avant et les deux hommes à l'arrière. Ils ouvrent un «quarante onces» de gin et se remettent à boire. Quand ils arrivent à Chicoutimi, ils sont saouls tous les deux. Dorila a même de la difficulté à sortir de l'auto. Ce sont ses deux fils qui l'aident à entrer dans la maison. Quelles noces! Quel voyage!

Chapitre 20

Le mariage de Laurence

L'automne est la saison préférée d'Henriette. Elle aime la pluie fraîche et surtout les multiples couleurs dont se pare la nature.

Depuis qu'ils ont quitté Rivière-du-Moulin pour s'installer dans le quartier des Saguenéens, elle peut de nouveau admirer les monts Valins et Sainte-Marguerite, mais de beaucoup plus loin qu'avant. Ce matin, elle profite du soleil et de la fraîcheur de l'automne pour faire le tour de la maison et admirer les fleurs qui n'ont pas encore subi le gel, ce qui est très rare à cette date-ci de l'année.

Les rosiers qu'elle a plantés au printemps, avec beaucoup de retard, il faut dire, ont produit leur première fleur ce matin: une seule et splendide rose rouge. Elle prend ses ciseaux et la coupe d'un coup sec.

Il y a beaucoup d'effervescence à l'intérieur, car Laurence se marie à seize heures. En entrant, Henriette va déposer sa rose dans les mains de sa fille en disant:

— Tiens, prend-la, elle a fleuri pour toé ce matin.

— Ah! merci, maman.

Leurs yeux se croisent, embués de larmes.

Henriette et Dorila se sont farouchement objectés à ce mariage. Ils étaient si malheureux ensemble qu'ils pouvaient difficilement se résigner à voir leur fille être ou devenir malheureuse à son tour. La lutte avait été serrée et l'annonce du mariage fut plus sombre que joyeuse. Bien sûr, l'envoi des faire-part et l'arrivée des cadeaux avaient fini par adoucir cette atmosphère très tendue.

Laurence a vingt-deux ans et elle peut, si elle le désire, se marier sans le consentement de ses parents. Mais pour un événement de cette importance, il est préférable que les deux parties acceptent la chose de bon cœur.

En ce jour du dix-neuf octobre mil neuf cent soixante et onze, Laurence se marie, comme sa mère l'avait fait avant elle, et comme la mère de sa mère l'avait fait aussi. Une jeune fille accompagne Marcel pour la circonstance et toute la famille se rend ensemble à l'église.

Au cours de la journée, Dorila avait remonté l'horloge à balancier et l'avait supposément mise à l'heure. Après le départ de Laurence et de son père pour l'église, Henriette donne à ses enfants l'ordre de se préparer à partir. Il est quinze heures quarante-cinq à sa montre.

— Vite les enfants! leur dit-elle. Nous allons être en retard.

Marcel monte du sous-sol et jette un coup d'œil à l'horloge.

— Regarde, maman, il est seulement quinze heures trente-cinq.

— Moé, j'ai quarante-cinq, Marcel.

L'échange de mots ne mène à rien et Henriette attend toujours les trois jeunes gens qui sont encore en bas. Irritée et impatiente, elle part avec les deux petites en claquant la porte tout en criant à ceux qui restent:

— Si vous ne montez pas, restez là.

— Attends-nous, répondent-ils.

Quand elle entre dans la cathédrale de Chicoutimi, les mariés sont déjà agenouillés à la balustrade, prêts à échanger leurs vœux. Henriette avance, gênée et intimidée, maudissant son mari qui a retardé l'horloge de dix minutes exprès pour la faire arriver en retard. Pour l'humilier encore davantage.

319

Encore une fois, elle fait remarquer à Marcel qu'il s'était obstiné pour rien.

— T'es bien comme ton père, lui fait-elle remarquer.

— Dis pas que j'sus comme lui, répond Marcel, les dents serrées. Si j'sus comme lui, j'aime mieux mourir tu suite.

— Voyons, c'est si dur que ça d'être comme lui?

— Oui, maman. J'aime mieux que tu me l'redises plus.

— Veux, veux pas, t'es né de lui et tu as son caractère.

Marcel se met à pleurer et les mots deviennent alors inutiles. Marcel refuse le modèle que lui propose son père comme ce dernier a fait avec le sien. Cela ne cessera-t-il donc jamais? Est-il si difficile d'être soi-même, tout simplement? Est-il donc si difficile de s'aimer avec bonté? Pourtant, la vie des autres nous paraît si facile à vivre et à accepter.

La cérémonie religieuse terminée, toute la parenté s'en va fêter à la salle des Chevaliers de Colomb, où un banquet est servi. L'orchestre est dirigé par Roméo, le frère d'Henriette, qui est aussi chanteur.

C'est une belle soirée. Dorila et sa femme, dit-on, ont bien fait les choses. En tout cas, ils ont joué leur rôle jusqu'au bout.

La journée se termina par une réception à la maison pour les parents et les amis.

Chapitre 21

Le flirt

L'hiver est rude et long. En janvier, les tempêtes se succèdent sans vouloir laisser aucun répit et la neige encombre les parterres du quartier. De la fenêtre, c'est à peine si on peut entrevoir le toit de la maison d'en face. Les bancs de neige engloutissent tout.

Depuis plus d'un an, Henriette a accueilli deux jeunes garçons en foyer nourricier. Elle avait opté pour prendre des garçons plutôt que des filles.

Malgré une journée déjà bien remplie, Henriette cherche toujours à en faire davantage. Son jour de congé, en plein milieu de semaine, elle le passe à faire de la popote pour sa famille. Marcel et Pierre, qui sont au secondaire, arrivent à une heure trente. Ils bénéficient de l'horaire double, celui de huit heures à treize heures.

Cet après-midi, Henriette fait des pâtés à la viande, des tartes et une dizaine de pizzas qui serviront à dépanner en cas d'urgence. Henriette roule et travaille la pâte et les garçons remplissent tartes et pâtés, garnissent les pizzas. C'est un travail à la chaîne.

Lorsque Dorila arrive à quatre heures, il fait venir Marcel dehors et lui fait des reproches pour un travail qui n'a pas été fait. Marcel essaie de s'expliquer mais son père hausse le ton. Pour comble de malheur, les deux hommes s'affrontent et en viennent aux poings.

Marcel descend dans sa chambre en pleurant. Pierre a pris son trou dans sa chambre pour éviter de se faire interpeller, lui aussi. Dorila est reparti aussi vite qu'il était venu. Henriette descend au sous-sol, pénètre lentement dans la chambre de son fils, s'asseoit auprès de lui, se penche lentement et pleure avec lui.

— Mon Dieu!... Mon Dieu! Quelle vie, quelle vie! se lamente-t-elle.

— J'me d'mande, maman, pourquoi tu restes encore avec lui.

— Qu'est-ce que tu veux que j'fasse?

— Tu es tellement malheureuse, pi yé tout l'temps chaud. À ta place, j'partirais.

— Oui, mais pour où? J'ai pas une maudite cenne, pis les p'tites? Qu'est-ce qu'elles deviendraient?

— Moé, j'pars bientôt et Laurence s'est mariée à l'automne. Qu'est-ce que tu vas faire?

Marcel parle ainsi parce qu'il vient de recevoir la confirmation qu'il est reçu dans les rangs de l'armée canadienne.

— J'le sais pas, c'que j'vais faire. J'vous r'garde partir tous, pis j'ai l'cœur ben gros.

— Tu vas continuer à être malheureuse?

— Tu le sais depuis longtemps que j'suis malheureuse?

— Oui, ça fait longtemps que je l'sais.

— Si tu savais comme j'en ai peur!

— Maman... ma p'tite maman, va-t'en. Laisse-le. Il va finir par te tuer. Y t'haït tellement.

— Ça aussi, ça paraît, hein? Marcel j'vais te confier un secret. Lorsque j'étais jeune, moé, j'ai été une enfant battue et rejetée. Quand je m'suis mariée, j'ai promis à Dieu, et je me suis promis à moi-même, que si jamais j'avais des enfants, je ne les ferais pas souffrir. Puis, vous êtes venus et je vous ai tous aimés. Si je partais aujourd'hui, toé ça te dérangerait pas parce que tu t'en vas. Mais as-tu pensé à tes deux petites sœurs, Martine et Jessy? Elles sont encore bien jeunes. J'vais te dire encore un autre secret. J'pense que je suis trop lâche pour partir.

— Toé maman, tu n'es pas lâche. Mais on dirait que t'aimes souffrir.

— Tu as peut-être raison, mais qu'est-ce que ça change?

— C'est papa qui est lâche.

— Que ça soit lui ou moé, qu'est-ce que ça change? Quand j'ai mis mes enfants au monde, je souhaitais pour eux le plus grand bonheur possible. Aujourd'hui, je constate que j'ai visé trop haut. J'aurais voulu aussi vous épargner la maladie et les épreuves pour que tout soit pour vous autres source de joie, d'amour et d'harmonie. Je suis bien loin d'avoir réussi. Pour le moment, j'essaie d'aller jusqu'au bout. Quand le temps sera venu, on verra.

Elle quitte son fils, soulagée par la confidence qu'elle vient de lui faire. C'est avec lui qu'elle partage plusieurs de ses souffrances. Il les connaît et il comprend sa mère.

Au repas du soir, Dorila lui annonce qu'ils sont invités à une soirée chez monsieur Hadad, son employeur.

— Prépare-toé, il faut que tu sois chic et belle.

C'est sa consigne: chic et belle. À leur arrivée, tous les employés sont déjà là, sauf un.

«Il viendra plus tard, dit madame Hadad. Sa femme est à l'hôpital.»

Dorila présente sa femme à ses compagnons de travail et la soirée débute, amusante et chaleureuse. Ils aiment danser et s'exécutent aisément sur la piste de danse. Soudain, un homme apparaît au pied de l'escalier du sous-sol. C'est un homme de cinquante ans environ, mesurant au moins un mètre quatre-vingts, assez mince, avec un visage allongé, un nez aquilin et des yeux noirs très profonds. Henriette croise son regard et chacun soutient le regard de l'autre. Madame Hadad retire le paletot du visiteur et vient le présenter à Henriette.

— La femme de Dorila, dit-elle, et Monsieur René Ladouceur.

— Portez-vous bien votre nom? reprend vivement Henriette en lui tendant la main.

— On m'le dit, en tout cas, répond celui-ci en faisant le même geste.

— C'est souhaitable.

Il la regarde. Henriette est surprise du malaise soudain qu'elle ressent, elle d'habitude si distante et réservée avec les autres hommes. Ce soir, avec lui, il se produit quelque chose d'inusité, d'insolite. La musique recommence et les couples se remettent à danser. Bien sûr, René est seul. Dorila s'approche de lui et lui offre de danser avec sa femme.

«René, dit-il, danse avec ma femme.»

L'homme sourit, s'avance, regarde de nouveau Henriette dans les yeux, puis l'invite à danser en disant:

— Savez-vous que vous êtes belle, madame?

— Savez-vous qu'on me l'a déjà dit, monsieur? Ça fait quarante-deux ans que je suis prise avec ça et j'pourrais bien m'en passer.

Pris de surprise par la réponse, il part d'un grand éclat de rire. Tous les couples s'arrêtent de danser et disent en chœur:

— Comme nous sommes contents, René, de te voir de bonne humeur.

— C'est madame, messieurs, c'est madame.

Une fois la danse terminée, il fait signe à sa partenaire de s'asseoir en lui désignant une chaise. En s'asseyant à son tour, il prend ses deux mains dans les siennes. Son regard perçant la dévisage avec désir.

— Où diable vous cachiez-vous, madame?

— C'est mon mari qui m'cache.

— Dorila, tu m'avais jamais parlé de ta femme.

— Pourquoi l'aurais-je fait? Tu es avec elle maintenant, profites-en!

Et tous deux repartent d'un grand éclat de rire et se lancent dans une conversation fort intéressante. Ils viennent de se découvrir, il vient de se créer entre eux une sorte d'osmose, une communion d'esprit peu commune. Ils viennent de se connaître et, déjà, ils se plaisent. Leurs yeux expriment tout ce qu'ils ressentent, pas un mot superflu n'est prononcé. Seuls les regards se parlent, ils se désirent, ils sont seuls au monde.

En revenant vers la maison, Dorila dit à sa femme:

— Tu as trouvé René de ton goût?

— Oui, je l'ai trouvé distingué et charmant.

— Hé ben! Toé qui trouves toujours à redire sur les hommes.

— Ben, cette fois-ci, un homme me plaît.

— Ça serait vraiment un homme pour toé, car je sais que sa femme est ben malade.

— T'é vraiment sérieux quand tu dis de me prendre un autre homme?

— Ah oui! Moé j'sus tanné du mariage, pis j'sus pus capable de t'faire l'amour.

Ce soir-là, le sommeil ne vient pas. Son cœur et sa tête voguent au fil de ses rêveries, son imagination voyage vers des lieux inconnus et enchanteurs, son corps devient de plus en plus léger, c'est presque de la lévitation... Elle reçoit l'énergie de l'amour, l'énergie de l'être en osmose, l'énergie du désir qui attire et réunit le corps et l'esprit. Enroulée dans sa douillette, elle se surprend même à prononcer le nom de René, quelquefois même à voix haute.

Le lendemain matin, elle se réveille de bonne heure, elle qui d'habitude profite de son dimanche pour faire la grasse matinée. Ce matin, elle n'a pas le goût de rester au lit, elle espère que René prendra de ses nouvelles par téléphone. Elle s'occupe tant bien que mal du déjeuner. Les enfants ne l'embarrassent pas trop. Son seul souci, ce matin, c'est de voir son compagnon de la veille. Elle cherche son nom et adresse dans l'annuaire du téléphone pour pouvoir l'imaginer dans sa maison.

Revenant à sa chambre, elle s'étend en travers du lit et attend. Elle espère. Elle désire. Le téléphone est là, juste à côté, à portée de la main. Elle peut saisir le combiné, composer le numéro et avoir René au bout du fil. Elle peut le faire mais elle s'y refuse.

Elle attend. Tout son corps, tout son être l'appelle. Elle se tourne et se retourne sur son lit, oubliant l'espace et le temps... A-t-elle dormi? Somnolé, peut-être? Elle ne le sait pas. Une petite voix la ramène à la réalité.

— Maman, qu'est-ce qu'on mange pour souper?

— Hein? déjà le souper? J'n'avais pas vu l'heure. J'sus désolée.

— Viens, maman, dit Jean-Paul.

— J'sais pas quoi faire.

— On va s'faire des patates frites avec d'la sauce.

— Bonne idée! On va les faire ensemble.

330

Sans se replonger tout à fait dans la réalité, elle saisit cette occasion pour se remettre de l'envers à l'endroit, entre sa conscience et ce trouble qu'elle ne peut définir. Jean-Paul la tire de cette longue rêverie et c'est mieux ainsi. Il faut qu'elle reprenne ses esprits.

Le repas du soir se déroule bien sagement. La soirée est courte et Henriette regagne sa chambre très tôt. Elle désire être seule pour mieux rêver.

Le lendemain, elle reprend le travail avec l'espoir que René vienne lui faire une petite visite, mais il ne se pointe pas le nez. Elle repart à la fin de la journée, encore plus déçue que la veille, complètement déroutée. Elle a mal dans son corps et une blessure vient de s'ouvrir dans son cœur.

«Il ne viendra pas, il ne viendra plus. Il vaut mieux souffrir tout de suite, je ne veux pas languir à petit feu.»

Jamais son corps n'avait été aussi remué. Ses sens brûlaient du feu ardent de la passion. Pour un court moment, elle s'était donné le droit au bonheur, mais quel bonheur? Le bonheur d'une liaison hors mariage? L'aurait-elle pris? Le bonheur se trouve-t-il dans la passion? Quoi qu'il en soit, le charme était rompu. Et c'est encore dans le travail qu'elle trouvait son exutoire.

Deux semaines plus tard, un samedi matin, René apparaît devant elle, comme un revenant.

Sur le coup, sa surprise est visible. Mais son orgueil reprend vivement le dessus et c'est en fuyant son regard qu'elle lui dit:

— Tiens! tiens, Monsieur Ladouceur, portez-vous encore bien votre nom?

— Comme tu es déçue!

— Oui!

Ce oui sec vient de tomber comme un sou dans un crachoir.

— J'avais de bonnes raisons.

— Y a pus de raison qui tienne.

— Peux-tu me pardonner?

— J'ai rien à pardonner, pis j'crois pas au pardon.

— Comme tu es amère!

— On le serait à moins.

— Comme ça, y a rien à faire?

— Rien!

— Même si j'te dis que j'ai passé ces deux semaines à l'hôpital, parce que ma femme s'est fait couper une jambe?

— Même ça!

Cette dernière réponse demeure aussi sèche que la première.

«Le téléphone, monsieur, ça existe. À ce moment-là, j'aurais compris. Mais, à présent, il est trop tard. Et maintenant, excusez-moé, j'ai du travail.»

Elle ne veut pas en entendre davantage. «Et à quoi bon?» pense-t-elle.

Il la rejoint en insistant.

«Parfois, il faut se refuser des folies.»

Elle le regarde droit dans les yeux.

«Moé, j'étais prête.»

Son ton est encore plus sec qu'auparavant et ses lèvres sont serrées par la colère.

René revient plusieurs fois à la charge, mais elle demeure inflexible.

«Une fois seulement, dit-il en dernier recours, accepte de me rencontrer une fois.

— Bien, dit-elle, une fois seulement. Viens m'attendre à la sortie du magasin.

Ce jour-là, la tempête sévit tout au long de la journée et le magasin ferme ses portes plus tôt. Seuls les employés cadres restent sur place. René rôde autour du magasin, se demandant si Henriette est encore à l'intérieur. Pour le rassurer, elle se montre enfin dans la vitrine. À sa sortie, elle monte dans la voiture et René se dirige un peu plus loin, sur le terrain de stationnement.

«Si tu veux, dit-il, on repart à zéro.»

Elle le regarde tristement en soupirant:

«Y a rien à faire.»

Elle pose son poing sur sa poitrine, au niveau du cœur, et la frappe en disant:

«Tu m'as fait mal, c'est fini pour toujours.»

Rien n'avait vraiment commencé et pourtant, tout était terminé.

— Embrasse-moé au moins une fois...

— Si tu veux.

Elle ne ressent rien, même qu'elle trouve ce baiser écœurant.

— Où est-ce qu'on va?

— Ramène-moé à la maison.

René s'exécuta. L'automobile roule sur la neige dans un silence de mort. Elle ne le revit plus jamais.

«Ça vaut mieux ainsi», pense-t-elle en entrant dans la maison. Et la récompense ne se fait pas attendre. En effet, deux petits bras viennent se nouer autour de son cou. C'est Jessy.

«Maman, que j'suis contente que tu arrives! J'pensais que j'serais seule toute la soirée. Martine est partie chez Hélène, pis papa est reparti travailler. Les garçons, eux, j'le sais pas où y sont.»

Jessy en avait long à dire pour chasser sa peur.

«Tu n'es pas seule, ma petite, maman est là, pis elle sera toujours là.»

Comme c'est bon de la serrer dans ses bras, de la rassurer! Les larmes coulent, apaisantes pour sa conscience troublée.

«Jamais je ne t'abandonnerai, Jessy... ma petite Jessy. Je resterai toujours avec toé.

Un peu plus tard dans la soirée, Dorila entre, un papier à la main, et le tend à sa femme.

— Tiens, j'sus passé chez l'docteur, j't'ai d'mandé un repos de quinze jours. Samedi, on part pour la Floride.

— En Floride? Es-tu fou? On n'a pas d'argent pour partir en voyage.

—J'l'ai emprunté.

— Tu trouves pas qu'on a assez de dettes de même?

— Occupe-toé pas de ça. On part avec Henry et Françoise.

Dorila lui faisait de ces surprises. Il trouvait toujours quelque chose d'imprévu, de spontané. S'était-il aperçu qu'Henriette était sur le point de le tromper? Même s'il lui répète souvent de se prendre un autre homme, serait-il aussi bon prince si cela arrivait? Tiendrait-il encore à elle?

Pour les deux couples, c'est le premier voyage en Floride. Ce sont des amis de longue date. Les deux hommes aiment prendre un coup ensemble et aller à la pêche, et les quatre aiment jouer aux cartes.

À Miami, le soleil les accompagne tout le temps des vacances. Contrairement à son habitude de faire la grasse matinée, Henriette se lève tôt et prend de longues marches sur la plage. Quand elle s'avance un peu plus avant dans l'eau pour y ramasser des coquillages, elle laisse les vagues de la mer lui effleurer doucement les pieds.

Elle apprécie ce doux changement de température, même si elle en ressent comme une sorte d'injustice. Hier encore, elle se rendait à son travail avec de la neige jusqu'aux genoux alors qu'aujourd'hui, elle se promène les deux pieds nus dans le sable chaud. Elle échangerait bien quelques mois d'hiver et son Saguenay glacé contre une partie de cette chaude contrée d'Atlantique.

On revient à la maison, bronzé et plein d'entrain, et tout le reste de l'hiver en paraît beaucoup moins long.

Chapitre 22

Le voyage en Angleterre

Comme toutes les compagnies d'assurances, celle où travaille Dorila organise un concours dont le prix consiste en un voyage. Dorila en avait quelquefois parlé à Henriette mais sans insister, disant qu'il ne gagnerait jamais. Quand on lui apprend qu'il avait de bonnes chances de gagner, il en fut surpris et ne parut pas très intéressé. Après tout, ils arrivaient à peine de Floride.

— S'il fallait que tu gagnes ce voyage! lui dit Henriette.

— Même si j'gagne, on n'ira pas.

— Pourquoi? Si tout est payé...

— En tout cas, c'est pas certain.

De tous les rêves, même les plus farfelus, qu'Henriette avait pu faire dans sa vie, aucun ne se rapportait à un voyage en Europe. Tous ces pays, elle les avait parcourus dans les livres, mais jamais elle n'aurait osé entretenir de rêves à leur sujet.

Quelques mois plus tard, Henriette rencontre par hasard René Ladouceur, au centre commercial où elle travaille. Il s'avance vers elle pour lui dire quelques mots et lui souhaiter un bon voyage en Angleterre. Surprise, Henriette ne bronche pas et le remercie poliment.

«Donc, Dorila a gagné le voyage, se dit-elle, pis y en parle pas. Il n'a pas l'intention d'y aller. Mais s'il a vraiment gagné ce voyage, nous irons, ah ça oui! Mais comment? Pourquoi monsieur Hadad n'en parle-t-il pas? Y a-t-il des consignes que j'ignore?»

En tout cas, elle n'est plus du genre à se laisser berner. Elle doit savoir. Une idée germe aussitôt dans sa tête. Si c'est au bureau de Chicoutimi que le projet a avorté, elle le saura.

Une fois, au début de l'année précédente, elle avait rencontré le président de la compagnie qui était venu de Toronto. Bien sûr, elle le connaît à peine, mais elle décide tout de même de lui écrire. Elle compose la lettre qui suit:

Monsieur Penny,

Je viens d'apprendre par un employé de votre compagnie à Chicoutimi que mon mari, Dorila Brassard, avait gagné un voyage en Angleterre. Je ne sais s'il y a eu confusion au bureau mais mon mari ne semble pas être au courant.

Si l'information est exacte, j'aimerais que vous me le fassiez savoir. Je vous demande de faire le nécessaire mais sans blesser personne et sans que cela puisse nuire au travail de mon mari à Chicoutimi.

Veuillez, Monsieur Penny, m'excuser pour le dérangement que cela peut vous causer et je vous remercie à l'avance de votre bonne volonté.

Et j'ai signé

Henriette Tremblay-Brassard

Chicoutimi

Jamais Henriette n'a su ce qui s'était passé mais, une semaine plus tard, elle reçut une lettre personnelle l'informant que tous les papiers nécessaires pour le voyage étaient déjà disponibles au bureau de Chicoutimi ainsi que les billets d'avion et l'argent des dépenses. En plus de la lettre, elle reçut un chèque pour services rendus.

Le voyage s'organisa très vite. Parce qu'ils avaient décidé de se rendre jusqu'à Paris, une fois le congrès terminé, Henriette retira ses bons d'épargne, fit venir les passeports et régla elle-même tous les petits détails que comportait un tel voyage.

Le départ eut lieu à Dorval, le 2 juin. Toute la délégation du Canada et celle du Québec étaient dans le même avion. Le congrès se déroulait dans la ville de Eastbourg, en Angleterre, au bord de la Manche. Le transport de Heathrow à Eastbourg se faisait en autobus. Le groupe fut reçu par le président respectif de chaque pays. L'hôtel où ils logeaient, un véritable château, était situé juste au bord de la Manche.

L'accueil fut princier. Tous les jours, lorsque les hommes étaient en conférence, les femmes étaient invitées à visiter des châteaux ou à participer à des excursions. Des interprètes français et anglais étaient à leur disposition. Rien n'avait été épargné.

Après le congrès, on ramena le groupe à Londres où on leur fit visiter la ville pendant deux jours. Henriette pouvait voir et toucher tout ce qu'elle avait vu dans les livres: le pont et la Tour de Londres, le palais de Buckingham et le Trafalgar Square. Rien ne lui semblait étranger. À chaque nouveau site, elle se retrouvait dans un roman historique déjà lu.

En France, même phénomène. Un peu plus fort peut être, à cause de ses origines françaises et de son sentiment d'appartenance. Il leur restait encore onze jours. Ils en passèrent quatre à Paris. Après la visite de la tour Eiffel, des Champs-Élysées, de l'arc de triomphe et du musée du Louvre, Henriette avait les pieds en sang. Pendant toutes leurs visites, de Londres à Paris et de Paris jusqu'à la côte d'Azur, Dorila n'eut rien à investir au niveau affectif tant sa femme était exaltée et séduite par tout ce qu'ils voyaient. Lorsqu'ils revenaient à leur chambre, c'était pour s'y reposer.

Ce qui déçut le plus Henriette, c'était de réaliser le besoin constant que son mari avait de boire. Il traînait dans son sac de voyage un «quarante onces» *Quatre Étoiles* qui ne le quittait jamais. Il lui fallait en faire une nouvelle provision chaque jour. Les premiers soirs, elle fourrait sa main dans le fond du sac pour s'assurer que le flacon n'avait pas coulé, vu qu'il était vide, mais elle avait dû se rendre à l'évidence et admettre le haut degré d'alcoolisme de son mari.

Pendant leur voyage, Florentine avait consenti à venir garder à la maison. À leur arrivée à l'aéroport, quelle ne fut pas leur surprise de ne voir personne pour les accueillir! Ils durent donc prendre un taxi jusqu'à la maison. Et Florentine de leur raconter son grand désappointement. Pendant leur absence, Marcel et Pierre, le pensionnaire, avaient volé l'automobile de Dorila pour aller faire une promenade. Malheureusement, ils avaient eu un accident qui avait causé des dommages à une autre voiture, sans blesser personne heureusement. L'incident avait occasionné beaucoup de problèmes à Florentine et elle regrettait d'avoir accepté de garder ses petits enfants. Pierre fut retourné dans sa famille et Marcel reçut une punition exemplaire.

Marcel venait d'avoir dix-huit ans. Dans un mois, il ferait partie des forces armées et il tourmentait sa mère pour avoir la permission d'acheter une motocyclette.

— Une motocyclette, Marcel? J'ai peur que tu ailles te tuer avec ça.

— Tu dis ça parce que j'ai eu un accrochage avec le char à papa.

— Ben oui, pis une moto, c'est dangereux.

— J'vais pouvoir voyager de Chicoutimi à Valcartier.

— Mais tu sais comme il y a du danger avec ces engins-là.

Pendant un an, il supplie, il harcèle sa mère, qui finit par accepter de l'aider financièrement pour l'achat de sa moto. Quinze jours plus tard, il a son premier accident. Quand il se présente de nouveau à Valcartier, il est refusé. L'armée ne prend pas d'estropiés dans ses rangs.

À partir de ce jour, Marcel eut plusieurs accidents qui se succédèrent. L'inquiétude de sa mère croissait un peu plus chaque jour.

Chapitre 23

Mexique

Marcel est laissé seul à lui-même, sans emploi et sans but. Il roule sa bosse en motocyclette et il maraude avec une bande de drogués. Il n'est plus le même. Chaque jour, Dorila reproche à sa femme l'achat de la moto et chaque jour, elle se sent de plus en plus coupable. Elle ne parvient plus à trouver la paix. Elle avait toujours eu une bonne influence sur son fils et il se confiait très souvent à elle. Mais, depuis qu'il a cette moto, tout a changé et elle porte le poids et la responsabilité de ce changement.

«Bien sûr, il est majeur et il aurait pu se la procurer par quelque autre moyen», se dit-elle pour se déculpabiliser.

Le dimanche matin, comme à son habitude, Henriette fait la grasse matinée. C'est le seul jour où la famille se relaxe et se lève un peu plus tard. Après le déjeuner, Marcel demande à sa mère de venir faire une balade en moto avec lui.

«Pourquoi pas?» dit-elle.

Et ils partent tous les deux. La moto roule doucement et s'engage sur le boulevard Talbot jusqu'à l'embranchement du rang Saint-Pierre. Marcel se détourne souvent pour regarder sa mère. Soudain, il arrête la moto et en descend en s'appuyant sur les guidons.

— Puis, maman, aimes-tu ça?

— Oui, j't'avoue que j'aime ça.

— Moé, maman, j'sus tellement heureux quand j'sus là-dessus!

— Moé, j'sus tellement inquiète quand tu es là-dessus!

— Ah! pour ça, t'as raison. Ça donne une sensation agréable de liberté. Écoute-moé bien, maman. Si j'meurs sur ma moto, tu diras que j'sus mort heureux.

— Ça n'empêche pas que j'suis toujours morte d'inquiétude.

— Non, maman, laisse-moé faire, laisse-moé vivre ma vie.

— Tu es heureux? Eh ben! c'est ça qui compte.

— Et toé, maman, quand est-ce que tu vas te décider à être heureuse? Pars, maman. T'es encore jeune, tu peux refaire ta vie.

— Ma mission n'est pas terminée. Les deux p'tites, eux autres, y as-tu pensé?

Marcel s'approche de sa mère et la prend dans ses bras.

— J'sais pas comment tu fais pour vivre avec un homme qu'é toujours saoul.

— C'est pas facile de partir. Je m'suis donné le droit de mettre des enfants au monde, il faut que j'aille jusqu'au bout. Bien sûr, depuis un certain temps, on forme une drôle de famille, mais c'est mieux ainsi que d'être dispersés un peu partout.

— C'est bien toé qui est la pire.

— Bien sûr que j'y ai droit au bonheur, mais quand?

Henriette n'a rien perdu de sa vivacité d'esprit et de son caractère passionné. Elle se retrouve dans son fils. Elle voudrait deviner son destin, mieux le comprendre. Ils reviennent tranquillement à la maison, heureux et riches de leurs confidences.

Aussitôt arrivés, Henriette prend le livret de banque de Marcel et le lui tend.

— Tiens, prends-le, il est à toé. Tu es un homme maintenant, vas ton chemin. Tout a été dit.

— Merci, maman. Même quand j'sus pas là, j'pense à toé.

— Tu sais, Marcel, des invitations, j'en ai... Si j'voulais, j'sortirais tous les soirs mais j'ai encore trop à faire.

Elle sait maintenant que son fils a sa vie en main.

Depuis un certain temps, Henriette souffre d'une douleur persistante au dos. Son médecin généraliste ne trouve rien d'apparent ni de bien grave et il lui conseille du repos. Elle profite donc de ses vacances pour passer quelque temps au chalet, seule avec Martine et Jessy. Les garçons ont leurs activités à la ville, ils ne veulent plus suivre leur mère.

Même si elles sont courtes, ses vacances à la campagne lui font beaucoup de bien. Le grand air et le calme sont des éléments guérisseurs. Mais le soulagement est de courte durée. Le travail et l'atmosphère familiale ramènent rapidement la douleur. Cette fois, elle va consulter un spécialiste en physiothérapie. Son verdict est net et précis.

— Si vous ne prenez pas du repos, dans deux ans, vous ne pourrez plus marcher.

— J'peux pas, docteur. On a trop d'obligations à rencontrer. Il faut absolument que j'travaille.

— À vot'guise, madame, mais vous en subirez les conséquences.

— Mon mari n'voudra pas que j'm'arrête.

— Y voudra bien quand vous ne marcherez plus.

— J'ai un mari à la bouteille, moé, docteur.

Le médecin baisse la tête et répète son verdict. Henriette se dit que dans deux ans, elle pourra mieux s'organiser. Au point où en sont les choses, que peut-elle faire de mieux? Elle ose quand même en glisser un mot à Dorila. Elle a la réponse qu'elle pressentait:

«T'é pas pire que moé, travaille.»

Le lendemain, Dorila revient à la maison avec une boîte de pilules contre la douleur.

— Tiens, prends ça, tu vas voir que t'auras pus mal.

— Qui a prescrit ça?

— Qu'est-ce que ça peut t'faire? Prends-en, pis travaille.

Bien sûr, ces pilules lui procurent un grand soulagement et elle se voit contrainte de les absorber. C'est agréable de pouvoir travailler sans douleur mais les médicaments ne font que masquer le mal. Celui-ci empire. La douleur se fait de plus en plus intense. Henriette cache sa souffrance parce qu'elle veut mettre fin à l'absorption des pilules. Mais c'est toujours plus difficile pour elle de continuer à travailler.

À l'hiver, Dorila organise un autre voyage en Floride. Cette fois-ci, ils seront trois couples: Clarisse et René, François et Émérentienne, la sœur de Dorila, lui-même et Henriette. Les trois femmes prendront l'avion et les trois hommes iront en automobile.

Depuis que la famille Brassard a fait faillite, la jalousie s'est calmée. Émérentienne sait maintenant que Dorila et Henriette gagnent euxmêmes leur argent. Les tétages auprès d'Albert, c'est bien fini. François s'est démarqué de la famille depuis plusieurs années et il est devenu assez fortuné pour offrir à Émérentienne une aisance qui lui permet de ne plus calomnier sa belle-sœur.

Le voyage dure trois semaines et il est très agréable. Ils se sont rendus sur les plages de Fort Lauderdale pour y voir des *hippies* contestant la société bourgeoise. En regardant ces jeunes contestataires, Henriette songe à son fils

Marcel qui en fait autant à sa façon en fréquentant sa bande de drogués. Elle souffre dans son corps et dans son cœur à la pensée qu'il peut lui arriver malheur. Elle se culpabilise, elle est envahie par l'inquiétude et l'angoisse. Son pouvoir de mère lui échappe.

Elle reprend le travail avec un peu plus de facilité, du moins jusqu'au printemps. Il ne faut pas que le mal la reprenne. Elle ne veut pas se remettre aux médicaments, mais elle doit s'y résoudre encore une fois, Dorila lui en procurant toujours de nouveaux, de plus en plus puissants.

Lorsque Henriette avait obtenu un travail régulier, Dorila et elle avaient convenu de partager les dépenses courantes. Hentiette avait choisi le paiement sur la maison, l'électricité et les vêtements pour toute la famille, y compris ceux de Dorila. Ce dernier payait la nourriture, les assurances et le téléphone.

Henriette tenait un budget très serré, mais Dorila accumulait les dettes et n'arrivait jamais à joindre les deux bouts. Les voyages, c'est bien agréable, mais emprunter pour en faire, ça veut dire endettement par-dessus endettement. Et quand Dorila était submergé par les dettes, il revenait tout le temps avec la même menace: vendre la maison.

Au printemps, Henriette ne parvenait plus à cacher sa douleur. Elle était si mal en point qu'elle ne pouvait plus fournir l'effort nécessaire à son travail. Elle consentit à prendre des médicaments encore plus puissants. C'était une connaissance de Dorila qui travaillait dans une pharmacie qui les lui procurait sans ordonnance. Henriette n'était plus qu'un zombi. Les drogues l'anéantissaient. Et c'est alors qu'elle se trouvait sous l'influence des médicaments que Dorila en profita pour lui faire signer l'acte de vente de la maison. Il garda tout le profit réalisé sur la vente. Elle était si malade qu'elle n'eut pas le courage de se battre.

Au cours de l'hiver qui suivit la vente de la maison, Dorila organisa un autre voyage, mais au Mexique, cette fois-ci. Ils partirent encore trois couples: Jean et Louise, François et Émérentienne, Dorila et Henriette. Ce fut Laurence qui vint garder les enfants à la maison. Pendant toute la durée des vacances, Henriette resta étendue au bord de la piscine. Elle se déplaçait très difficilement et le soleil lui faisait grand bien. Dorila passa presque tout son temps en compagnie d'un couple qui logeait dans un autre hôtel.

Un après-midi qu'elle était seule au bord de la piscine, un homme s'approcha d'elle pour lui faire la conversation. Elle ne sait pas pourquoi mais cet homme lui avait dit à brûle-pourpoint:

— Savez-vous, Madame, qu'au Mexique, ça ne coûte que soixante-quinze dollars pour se faire libérer d'une accusation de meurtre?

— Ah oui?

Avait-il saisi sa détresse, son désespoir? Elle ne le saura jamais, car elle ne l'a pas revu. Le lendemain matin, alors qu'elle se dirigeait vers l'ascenseur, elle l'aperçut qui parlait avec Dorila. Lorsqu'elle les rejoignit, il s'était éclipsé.

— Qui était cet homme?

— J'l'ai jamais vu.

— Ah non? Ben moé, y m'a appris des choses.

Henriette pointa son doigt sur le ventre dégueulasse et plein d'alcool de son mari.

— Si j'avais un revolver, ce matin, je te descendrais drette-là tellement tu me dégoûtes.

— Fais ben attention à c'que tu dis, c'est moé qui peux te faire abattre.

Ils en étaient arrivés à la limite de la tolérance. La folie et la haine les habitaient et chacun souhaitait la disparition de l'autre. Ce matin, Henriette se sentait capable d'aller jusqu'au bout de sa colère. Sa tension avait atteint son paroxysme. Tous les sentiments et les émotions refoulés prenaient tout à coup une grande importance. En même temps, elle ressentait une grande inquiétude, comme une sonnette d'alarme qui lui disait:

«Henriette, ton rouleau est au bout. Tout va se briser, tout va casser. Il n'y a plus rien qui tienne.»

Aucune de ses valeurs morales ou spirituelles ne pouvait apaiser sa colère. C'était la loi du non-retour. Dorila, qui jusqu'à récemment, avait présenté une santé fragile, semblait retrouver dans la haine un regain de vie. Henriette, que la douleur ne lâchait pas, était singulièrement diminuée. Il serait facile à Dorila de la briser et de la rendre complètement «légume».

Ce voyage au Mexique fut donc un enfer.

— J'pensais jamais que mon frère était aussi fou, dit Émérentienne.

— C'est la bouteille, reprend Henriette.

— C'est vrai, la bouteille le rend fou.

— Et aussi ceux qui vivent avec lui.

Chapitre 24

L'opération d'Henriette

De retour de voyage, le mal va en s'accentuant. Presque deux ans maintenant que le docteur lui a dit: «Vous cesserez de marcher, vous verrez.» Henriette a peine à accomplir son travail. Chaque effort devient un cauchemar. Son pied traîne par terre comme un pied-bot, le mal irradie jusque dans la hanche et la jambe. Dorila a beau lui apporter des pilules de plus en plus fortes, rien ne la soulage. Au contraire, ça rend le mal encore plus intolérable.

À sept heures, le soir de Pâques, le téléphone sonne enfin.

— Madame Henriette Tremblay, s'il vous plaît.

— Oui... oui.

— Ici le bureau de l'Hôtel-Dieu. Pouvez-vous vous présenter à l'hôpital ce soir même?

— Oui... oui, dit Henriette, les larmes coulant sur ses joues.

— Vous allez être opérée demain matin.

— J'arrive tout de suite.

Tous les examens sont déjà faits et le médecin vient la voir à son arrivée pour lui faire les dernières recommandations.

«Demain matin huit heures», dit-il en la quittant.

On l'opère pour une hernie discale à la colonne vertébrale. Ce fut une réussite complète. Au bout de dix jours, elle était prête à revenir à la maison. Mais pendant son séjour à l'hôpital, un drame se tramait dans son dos.

Lorsqu'elle appelle son mari pour venir la chercher à l'hôpital, il refuse de le faire, s'étant laissé convaincre qu'Henriette avait un amant. Dorila avait fait une réunion de famille et il avait informé tout le monde de la nouvelle, sauf les deux petites. Il avait également fait la tournée des frères et sœurs pour les aviser que le bon garçon qu'il était était devenu cocu, en insistant sur le fait qu'Henriette était devenue folle.

Le soir de son arrivée, il n'y a personne à la maison pour accueillir Henriette, sauf Martine et Jessy. Il lui est défendu de s'asseoir pour dix jours au moins. Elle devra rester soit debout, soit couchée.

Elle se repose dans sa chambre quand Dorila entre dans la maison avec Jean-Paul. Ce dernier s'empresse d'aller reconduire les deux fillettes au sous-sol et il leur prête leurs disques préférés. Dorila lui avait monté la tête pour le dégoûter de sa mère devenue adultère. Jean-Paul s'assoit dans un fauteuil et regarde sa mère d'un air accusateur.

Dorila s'approche de sa femme et lui assène un coup de poing qui la fait crouler par terre.

«Dis-le, dis-le, dis-le, ma crisse, que t'as un amant.»

Ébranlée, Henriette se relève péniblement. Dorila se dirige ensuite vers Jean-Paul, en montrant à nouveau sa femme.

«Regarde-la, c'est ça, ta mère.»

Jean-Paul se lève. Il vient vers elle à son tour et la pousse deux ou trois fois contre le mur. Henriette tombe alors dans le fauteuil. Jean-Paul continue à la harceler.

— Dis-le, maman, dis-le, parle.

Jean-Paul est encore sous le choc. Le fait d'apprendre que sa mère puisse avoir un amant le rend fou de rage. Henriette se relève et s'appuie au mur pour soutenir son dos. Une boule lui barre la gorge et la brûle comme du feu. Ses lèvres sont serrées. Dorila a pris le fauteuil que Jean-Paul occupait précédemment. Il affiche un sourire sadique, un sourire en coin comme celui qu'Henriette avait si souvent vu sur le visage de son beau-père. Il crie à son fils:

«Tue-la, la crisse, tue-la.»

Henriette pense qu'elle vit ses derniers moments. Elle regarde son fils, les yeux suppliants.

«Non, Jean-Paul, arrête!... Arrête, je suis à bout.

Comme une automate, elle marche vers sa chambre et s'écroule sur son lit.

«Mon fils... mon fils.»

Son cœur semble vouloir éclater. Elle a réussi à parler, à dire «mon fils», ce fils qui lui vouait une vénération sans borne et qui vient de lui signifier son rejet. Brutalement, elle fait face à toute «sa» réalité, elle prend conscience de sa vulnérabilité. Ses rêves, ses projets planifiés, espérés, cultivés sont anéantis d'un seul coup. Dorila a réussi à semer la haine dans le cœur de ses enfants et elle n'a pas su s'en protéger.

Étendue sur son lit, elle s'attend à tout. Dorila vient la rejoindre. Il s'approche d'elle et lui plante son pouce sur le front, entre les deux yeux. Il appuie fortement tout en faisant tourner son pouce d'un bord à l'autre. Son cerveau lui fait mal. Elle a les yeux sortis de la tête. Ça cogne et ça résonne dans sa colonne vertébrale. Dorila lui enfonce la tête tant qu'il peut dans l'oreiller en disant:

«J'aurais dû te tuer au Mexique, ça m'aurais pas coûté cher.»

Quand il retire son pouce, Henriette se sent très étourdie. Le lit bascule et elle se retient comme elle peut. Mais ce n'est qu'une impression, un vertige. Elle a quand même très peur.

Mon Dieu, pas ma tête, c'est tout ce qu'il me reste de solide.

Mais elle commence à douter de la véracité de ce qu'elle vient de dire. Un autre filet de voix sort de sa gorge pour prononcer les noms de Martine et de Jessy. Elles n'ont eu connaissance de rien et maintenant, elles sont près de leur mère. Elles la sentent paniquée. Henriette essaie de leur parler mais elle sanglote tellement que son corps fait des bonds sur le lit. Elle doit faire peur, car les deux fillettes déguerpissent chacune de leur côté. Elle entend Jessy qui crie:

«Maman, qu'est-ce qu'elle a aux yeux?»

Henriette tend la main pour saisir son miroir, non loin d'elle. En effet, elle fait peur. Ses yeux se sont rapprochés de son nez et ils sont presque sortis de leur orbite. Elle ne se reconnaît pas. Elle voit un visage défait, tuméfié, méconnaissable. Elle s'endort avec la peur d'être tuée.

Le lendemain, elle téléphone à Luce. Il n'y a qu'à sa sœur Luce qu'elle peut raconter des demi-vérités. Celle-ci ne tarde pas à arriver.

«J'ai peur, Luce. Je suis débâtie.»

Son corps est secoué de sanglots. Luce pleure avec elle.

«Il faut que j'parte d'icite, dit Henriette. J'ai peur qu'y revienne pour me tuer.»

En prononçant ces mots, tout son nerf rachidien lui fait mal.

— Laisse-toé guérir, dit Luce.

— J'ai mal, j'ai trop mal, pis j'ai peur.

— Si jamais y t'arrive quelque chose, ça restera pas là.

— J'espère qu'il sera puni.

— Écoute, Henriette, on va écrire une lettre disant que si jamais y t'arrive un malheur, c'est ton mari qui sera coupable.

Et toutes les deux composent la lettre suivante:

À mes enfants, à ma famille, à mes frères et sœurs, moé, Henriette Tremblay, je certifie que je suis saine de corps et d'esprit. Si jamais il m'arrivait une mort subite, je demande qu'une enquête soit faite, car mon mari me menace souvent de mort.

Et j'ai signé

Henriette Tremblay

Elle ajouta son adresse, la date et l'heure qu'il était, puis elle dit:

«On va en écrire trois, une pour toé, une pour moé, pis j'vas en maller une à Gertrude.»

Dorila arrive presque aussitôt après le départ de Luce. Il entre dans la chambre comme si rien ne s'était passé la veille. Henriette lui tend la lettre incriminante et, après l'avoir lue, il la déchire.

«Tu peux la déchirer tant qu'tu veux, dit Henriette. Luce en a une pareille et une autre vient de partir par la poste pour Gertrude.»

Dorila devient pâle comme un drap blanc et tourne les talons en criant:

«Ah ben! ma crisse, crisse.»

Aussitôt que ce fut possible, Henriette téléphona à Jean. Elle dut se traîner dans le corridor pour atteindre l'appareil. Elle n'osait pas se mettre debout de peur d'avoir le vertige et de tomber. Jean sait depuis longtemps que Dorila fait des siennes et Henriette lui raconte tant bien que mal ce que son mari et son fils lui ont fait subir depuis son retour de l'hôpital.

«Viens-t'en chez nous, lui propose Jean. J'vas arranger ça.»

Louise accueille Henriette comme une amie de toujours.

— J'veux pus y retourner, y vont m'tuer, explique Henriette.

— Non! non, y t'tueront pas, j'vais aller leur parler.

Jean tint parole et ramena Henriette chez elle en lui disant:

«J'leur ai dit que j'les avais à l'œil.»

La promesse de Jean la rassurait plus ou moins mais Henriette fut tranquille pour un bon bout de temps.

Chapitre 25

Son premier petit-fils

Deux ans déjà que Laurence est mariée! Elle occupe toujours son poste au bureau du Service social à Chicoutimi. Cette année, elle exprime le désir d'être mère. Elle veut avoir un enfant. Comme sa mère, elle a le goût d'enfanter, et elle lui fait part de son désir.

— Maman, j'pense à faire un enfant.

— Est-ce que tu veux mon avis?

— Non... non, juste t'en parler.

— Moé, j'vais t'dire quelqu'chose. Les plus beaux moments de ma vie, c'est quand j'ai eu mes enfants.

— Oui?

— Tu sais comment ça va mal avec ton père, pis que j'regrette ben des choses, mais vous autres, j'vous r'grette pas.

— Oui, ça sera probablement pour cette année. On est d'accord tous les deux.

— J'serai contente.

Le temps s'écoule pour Laurence comme pour tous. Malgré ses déboires, Henriette ne peut arrêter le temps et encore moins la vie. Elle a eu ses heures de gloire en mettant ses enfants au monde. Aujourd'hui, c'est sa fille qui veut connaître les siennes. Pour une femme, ce sont les meilleurs instants. Porter en soi l'être à découvrir, sentir chaque jour dans son ventre la progression normale de la gestation, et ce jusqu'à la délivrance, jusqu'à l'accomplissement final de l'être à venir, quelle joie! Autant la souffrance tord, déchire et arrache les tripes, autant la joie est profonde et le cœur rempli d'allégresse, lorsque enfin, on peut examiner, palper, tâter ce petit être qui vient de naître.

Donner la vie, y participer jusqu'au bout, voilà l'amour, le vrai. Henriette voudrait dire tous ces mots à sa fille, mais elle est trop perturbée par sa propre situation. Sa vocation de mère est terminée. Elle en a tellement de nostalgie qu'elle a un peu, beaucoup mal rien que d'y penser.

Malheureusement, Laurence accouchera par césarienne. Henriette se rend à l'hôpital mais ne peut rester qu'un moment avec sa fille. Elle cause avec Maurice, son gendre, car tout se passe à la salle d'opération et personne ne peut y entrer.

Le lendemain, lorsqu'elle revient à l'hôpital, Henriette peut enfin voir son petit-fils. Laurence le nourrit au sein et Henriette s'en réjouit. C'est quand même merveilleux de pouvoir aussi se glorifier dans ce geste.

Henriette ira chez sa fille quand elle sera sortie de l'hôpital. Elle a pris ses vacances pour pouvoir lui offrir de l'aide après son accouchement. Elle tient à être auprès d'elle pour les relevailles. Comme tous les hommes, Maurice se gourme et fait le jars, mais il semble heureux, en tout cas. Et Henriette trouve encore le courage de prier pour leur bonheur.

Chapitre 26

Marcel

Au retour de l'école, Jessy vient vers sa mère souffrante.

«Si tu veux, maman, j'vais t'frotter avec de l'huile camphrée, pis j'vais t'guérir, moé.»

Et elle se met à frotter l'endroit douloureux avec sa petite main. Jessy a dix ans, mais on la tient loin des conflits et des disputes. Bien sûr, elle se doute qu'il y a un problème, mais elle ignore tout du drame qui se déroule entre ses parents. C'est pourquoi Henriette la laisse faire lorsqu'elle veut la guérir: elle ne se méfie pas d'elle.

Parce qu'il faut dire que maintenant, Henriette craint tout son entourage. Elle ne sait pas ce que Dorila a pu leur dire à son sujet. Tout peut arriver.

Martine, à treize ans, est en pleine crise d'adolescence. Elle est déjà assez perturbée par ses décisions personnelles qu'elle ne veut pas être mêlée aux controverses de ses parents. Il est si difficile, à cet âge, de prendre les bonnes décisions. C'est pour elle l'étape des choix. Sa mère, elle, est rendue à l'étape du non-retour.

Le lendemain, Marcel arrive avec sa bande de *pushers*. Ça n'est rien pour la rassurer.

«On ne sait jamais, avec quelqu'un qui est drogué.»

Elle reste enfermée tout l'après-midi dans sa chambre, n'osant pas bouger et retenant même son souffle. Quand Luce vient lui rendre visite, Henriette lui demande de rester jusqu'à l'arrivée des deux filles.

«Inquiète-toé pas Henriette, la rassure Luce, j'te lâcherai pas.»

Il est bon d'entendre ces mots quand on se croit abandonné de tous. Luce repart dès l'arrivée de Martine et de Jessy, en leur recommandant de rester avec leur mère. Marcel est parti, lui aussi, ce qui écarte un certain danger. Mais son plus grand cauchemar, c'est Dorila. Il peut arriver et la frapper de nouveau.

Après le souper, Henriette descend au sous-sol avec Jessy. Martine est sortie. Elles sont seules et Jessy veut regarder une émission à la télévision. Elle insiste pour que sa mère vienne avec elle et Henriette accepte. Dorila arrive un peu plus tard et s'assoit derrière le bar. Jean-Paul arrive à son tour et son père lui offre une bière qu'ils prennent ensemble. Et voilà que Marcel s'amène, lui aussi, à son tour. Les trois comparses se mettent à parler à mots couverts. Il est question de Martine.

Celle-ci est sortie mais ne tarde pas à arriver. Son père monte l'escalier en vitesse et Henriette l'entend qui est en train de la battre. Sa peur revient aussitôt et elle n'ose aller au secours de sa fille. D'ailleurs, Marcel et Jean-Paul la retiennent.

«Non, maman, laisse-le faire. A mérité une volée parce qu'elle a été dans un bar hier au soir.»

Henriette ramasse tout son courage et leur répond:

«Pis vous autres, vous avez le droit de tout faire mais pas elle, hein?»

Elle a les dents serrées par la rage à la pensée que les garçons peuvent ainsi imposer leur volonté. Ils ont tous les droits, mais pas Martine. Elle, c'est une fille, elle doit se tenir tranquille.

«Laissez-moé monter», supplie Henriette.

Mais, en disant ça, elle entend un cri de douleur suivi d'un juron.

Martine avait donné un coup de genoux dans les testicules de son père pour se libérer de lui et pouvoir s'enfermer dans sa chambre. Dorila redescend plié en deux, en tenant de ses deux mains ses «bijoux de famille». Les deux frères lâchent leur mère qui put enfin monter dans sa chambre.

«Toé, t'é mieux d'pas aller la trouver, la menace Dorila, parce que tu vas en manger une à ton tour.»

Henriette prend le bord de sa chambre et s'y réfugie pour y pleurer amèrement. Martine, son enfant, est dans la chambre d'à côté et elle ne peut même pas aller la consoler. Elle voudrait, en ce moment pénible, la prendre dans ses bras et lui dire «je t'aime», mais elle a trop peur. S'il fallait que ces trois hommes se jettent sur elle, c'en serait fini de sa vie.

Couchée sur son lit, elle ne trouve de soulagement que dans la prière.

«Où es-tu, Dieu infiniment bon et infiniment puissant? Que fais-tu? Je te maudis de m'avoir abandonnée. Jamais plus je ne m'agenouillerai pour t'adorer et te bénir. Ah non! Au contraire, je nierai ton existence et j'abjurerai ma foi. Tu ne m'aimes plus puisque tu laisses faire cette rapace. Je les hais tous.»

Elle sort de sa chambre, enragée, et crie:

— Dorila, viens ici!

— Qu'est-ce que tu veux, la folle?

— Dis à Marcel que j'veux pus qu'y vienne ici avec sa drogue pis sa *gang*.

Marcel part un peu plus tard, mais non sans venir la voir auparavant. Il tente de la rassurer:

«Maman, tu as raison, j'y avais pensé. Mais de loin, je te surveille et te protège.»

Henriette reste sans parole. La drogue lui inspire autant de peur que la violence. Quel soulagement d'entendre ce que son fils vient de lui dire!

«Donc, mon fils m'aime encore», se dit-elle.

Elle qui pensait qu'il la haïssait.

«Ô mon fils, si tu connaissais ma peine, mon tourment. Libère-moé de ces chaînes et emmène-moé loin. Je t'aime, mais depuis longtemps, je n'ose plus te le dire. Va! Va ton chemin, parcours les routes jusqu'à ce que tu atteignes ton but.»

Sa tête tourne, son dos lui fait terriblement mal. Le stress, la peur et l'angoisse l'envahissent. Et elle finit par s'endormir.

La sonnerie du téléphone la tire du sommeil.

— Oui, allô!

— Madame Brassard?

— Oui.

— Vous êtes la mère de Marcel?

En entendant ce nom, son cœur bat plus vite.

— Oui... oui, j'écoute.

— Ici l'Hôtel-Dieu de Chicoutimi. Je suis l'infirmière en chef du département d'orthopédie. Votre fils a eu un accident.

— Il est vivant?

— Oui, mais il a une jambe cassée. Il vient d'arriver d'la salle d'opération, y vous d'mande.

— J'arrive tout de suite, dit Henriette en raccrochant.

«Mon Dieu, j'y avais pas pensé, songe soudain Henriette. J'peux pas conduire... mon dos. Ah oui! un taxi! Vite, un taxi.»

Quand elle arrive à l'hôpital, Marcel vient de se réveiller. Il est couché, la jambe suspendue à des leviers et à des poids entremêlés. Il lui sourit et se rendort aussitôt. Elle le regarde tendrement. Il est si pâle qu'il a repris les traits du jeune enfant qu'il était il n'y a pas si longtemps encore. Elle le revoit comme au premier jour de sa naissance. Elle voudrait le prendre dans ses bras, le serrer et le bercer, comme autrefois.

«Comme il a l'air fragile et sensible! constate-t-elle. Comme je n'ai pas su le protéger! Est-il comme moé? Trop fort ou trop brave, jouant un rôle pour éviter qu'on voie sa sensibilité, sa faiblesse inavouée? Combien de fois est-il venu vers moé, confiant, me raconter ses derniers succès amoureux ou un exploit quelconque? Aujourd'hui, mon fils, c'est moé qui veux te parler. Écoute-moé, j'ai tellement honte de moé que je préfère te parler alors que tu te trouves dans les vapeurs de l'anesthésie. Je te demande pardon d'avoir consenti à l'achat de cet engin de malheur. Je suis l'auteur du mal qui te frappe aujourd'hui, et peut-être pour toujours. Je te demande de me pardonner, mais c'est à moé-même que s'adresse cette demande de pardon. Pourrai-je jamais me l'accorder? Marcel, je suis si seule, si faible, si épuisée. Je ne peux même plus t'aider. Ma vie se déroule dans le sens du mal et du péché. Mon corps est détruit, démoli et mon esprit ne vaut guère mieux. Je me sens vide de tout. Dors, Marcel, dors.

Et avant de se retirer, elle pose un baiser sur le front de son fils comme elle le faisait lorsqu'il était enfant.

«Il se souviendra que je l'aime, se dit-elle. Hier encore, sa colère l'aveuglait et aujourd'hui, ma tendresse l'apaise. La colère rend aveugle et fou car, avec elle, la raison s'envole. En l'absence de toute logique, la colère vient gruger toutes les richesses de notre âme tandis que notre jugement reste prisonnier de sa propre vanité.»

Tout ce qu'Henriette avait cru construire dans l'amour n'était que haine et destruction.

«Ô enfant qui a alimenté mes rêves et mes espoirs, mon enfant, je ne puis te suivre dans tes choix, je suis déroutée par eux. Je ne puis plus t'offrir ma vie, elle est détruite. Mes prières? Elles ne peuvent plus apaiser mon âme.»

Henriette déambule comme une automate dans le corridor de l'hôpital, cherchant l'issue qui pourrait les sauver, elle et son fils. Luce l'attend à la sortie et la ramène chez elle.

— Rentre avec moé, lui dit Henriette. J'ai peur de rentrer seule.

— Ben, moé, Henriette, y a personne qui m'ferait peur chez moé.

— Même si on t'battait?

374

Luce a les yeux ronds comme des «trente sous».

— Ah ben! Y a du maudit.

— Oui, c'est comme ça. Y a pas de quoi être jaloux, hein? Depuis mon mariage, beaucoup de gens m'ont enviée, sans savoir quelle était ma vie, car j'ai toujours caché le vrai visage de Dorila et la vie qu'il me faisait subir.

— Tu peux ben avoir peur, c'est rendu plus loin que j'pensais.

— Pis ben plus loin encore, ajoute Henriette. J'ai peur de me faire tuer, j'ai peur, tu peux pas savoir.

— J'te surveille, Henriette, pleure pas.

La folie d'Isidore dont elle a été victime durant toute son enfance, ses colères et sa violence sont encore présentes dans sa vie. Le mari a pris la relève du père. Et plus encore, parce que Dorila arrose d'alcool sa violence et sa colère.

«Je refusais de vivre la vie de Florentine, continue Henriette, et me voilà prise dans le même combat et dans la même merde. Maudit soit celui qui m'a mise au monde.»

Les souvenirs reliés à son père et à sa mère lui brûlent présentement les entrailles. Elle voudrait tordre ses tripes, les vider, les laver de toute forme de haine.

Dorila s'était dit un homme bon, elle y avait cru, elle s'était collée à lui, essayant de trouver la paix et la sérénité. Mais cet homme était un volcan de colère et de haine inassouvies. Et maintenant, elle en a peur.

«Suis-je aussi folle que naïve? se demande-t-elle. Peut-être bien.»

Mais elle n'en est plus aux questions philosophiques. Il faut passer aux choses pratiques.

Laurence est mariée et ne se mêle de rien. Marcel a quitté la maison en lui disant qu'il veillait sur elle mais de loin... Jean-Paul? Impossible de compter sur lui. Son père lui a raconté ce qu'il voulait et comme il voulait. Il a suivi la loi de Dorila et il n'a écouté que d'une oreille. Martine et Jessy sont encore trop jeunes pour être engagées dans des conflits parentaux.

Dorila a étudié et calculé son coup. Il veut rendre sa femme folle pour la faire renfermer ou encore il veut la pousser à se prendre un amant pour pouvoir la forcer à quitter sa famille, tous les torts retombant alors sur elle. De cette façon, il n'aurait pas à payer une pension alimentaire en cas de séparation. Sa ruse se manifeste dans tout.

Tant bien que mal, Henriette réussit quand même à s'en sortir. Quand elle est rétablie, elle reprend son travail avec peine mais, au moins, elle peut fuir la maison, devenue, par la force des choses, une prison. La peur ne la quitte plus, bien sûr, mais, comme toujours, elle compte sur le temps pour arranger les choses.

Jessy, qui apprend le ballet classique depuis deux ans, se rendra à Montréal cet été pour y suivre des cours un peu plus avancés. Henriette fera coïncider ces cours avec ses vacances et elle en profitera pour se rendre chez Gertrude avec Martine. Elle y passera une semaine. Ça servira à aérer la maison.

Mais la trêve est de courte durée. Aussitôt revenue, Dorila engage quelqu'un pour la faire suivre. Jean-Paul se prête au jeu lui aussi. Le moindre retard, chacune de ses heures supplémentaires est aussitôt vérifiée et notée sur papier avec le jour et la date de la sortie et la durée du retard. Ce qui lui fait le plus de peine, c'est de voir son fils embarqué dans cette galère. Dorila lui a vraiment monté la tête.

Henriette est traquée, surveillée, espionnée. Cette situation est tellement invivable qu'elle serait prête à faire n'importe quelle folie pour faire courir ses tortionnaires.

La maison que Dorila a achetée après la vente de la première était beaucoup plus petite et moins confortable que celle-ci. Henriette ne l'avait même pas visitée. Quand était venu le temps du déménagement, les meubles ne rentraient même pas tous dans la maison. Par exemple, il avait fallu démonter le piano pour pouvoir le descendre au sous-sol. En attendant, il fut placé dehors, à l'abri, avant de pouvoir faire venir un spécialiste qui le descendrait pour eux.

Mais le temps passait et le piano se détériorait à l'extérieur. Henriette avait économisé piastre par piaste, pendant des années, en faisant de la couture pour les autres à domicile, ou en économisant sur son salaire de la semaine pour acheter ce piano. Tout ce qu'elle a pu sacrifier pour donner à ses enfants une belle culture musicale lui est rejeté en plein visage.

Malgré cela, elle fait venir un expert qui lui fixe un prix pour démonter l'instrument et le remonter au sous-sol. Elle accepte le montant fixé et le spécialiste lui promet de revenir deux semaines plus tard.

Un soir, en revenant de son travail, Henriette entend résonner des coups et des notes derrière la maison. En s'avançant, elle aperçoit son mari, la hache à la main, qui finit de démolir le piano, en envoyant les morceaux dans le ravin tout près.

Henriette regarde avec douleur se briser le seul équilibre qu'elle pensait avoir donné à sa famille: la musique... la seule culture qui permet de toucher les cœurs les plus endurcis. Elle comprend alors que Dorila n'a plus ni cœur ni raison et qu'il jette aux ordures l'éducation et la formation culturelle de ses enfants.

«L'amour est dans le respect», disait souvent Henriette. Mais ni le respect ni l'amour ne tiennent désormais, tout est consumé. Son mari ne veut qu'une chose: tout éliminer et tout détruire autour de lui, briser, démolir toute chose bonne: les enfants, la musique, l'éducation. Il en est rendu au déchirement et à la destruction du peu de choses qui peuvent encore les retenir.

Pendant que Dorila est occupé à démolir ce qui les unit encore... Henriette s'attaque à détruire dans sa tête et dans son cœur le peu de respect qui lui reste encore pour son mari. Elle le méprise désormais et le rejette de tout son être comme s'il s'agissait d'un poison mortel.

Quand la séparation viendra, tout aura été détruit, arraché, saccagé.

Chapitre 27

Désintoxication

Aujourd'hui, mercredi, c'est la journée de congé d'Henriette. Son fils rentre de l'hôpital après un long séjour et elle lui a offert de revenir à la maison pour sa convalescence.

«Inquiète-toé pas, maman, j'serai pas longtemps. J'sus pus capable de vivre avec vous autres.»

Il revient de loin, lui aussi. Pourtant, elle ne lui parle pas de l'espoir qu'elle a de le voir quitter son milieu de la drogue et sa moto. Elle voudrait reprendre avec lui ses relations de camaraderie qui avaient toujours existé entre eux avant qu'il en vienne à la drogue.

Henriette est une femme d'espoir. Pendant vingt-cinq ans, elle avait espéré que Dorila cesse de boire. C'est maintenant son fils qu'elle espère redevenir comme avant. Elle lui a préparé son mets préféré pour le repas du midi. Aussitôt que les plus jeunes seront retournés en classe, elle s'assoira avec lui et aura une conversation sérieuse, une occasion qu'elle avait ratée à l'hôpital parce qu'à chaque visite, il y avait toujours un cercle d'amis autour de lui qui les empêchait de parler intimement. Mais cet après-midi, elle le fera.

Le repas est terminé et Marcel vient tout juste de se retirer de table quand une moto arrive devant la maison.

«C'est mon chum Johnny», annonce Marcel.

Marcel sort de la maison en s'agrippant péniblement aux montants de la galerie et sa mère pense qu'il jasera un peu et puis qu'il rentrera se reposer. Mais quelle illusion! Et quel choc lorsqu'elle le voit sauter comme il peut sur la moto et allonger sa jambe malade le long de la cuisse de son ami en envoyant à sa mère un démonstratif *bye bye*. Elle vient de comprendre que le temps des sermons est bel et bien terminé. Se traitant de naïve, elle reprend son travail. C'est sa fuite devant un avenir incertain.

Au cours de l'été, Dorila décide de se faire traiter pour son alcoolisme. Sœur Jeanne-d'Arc, une religieuse de Roberval a déjà reçu en cure plusieurs alcooliques qui en sont revenus rétablis. Il n'a donc plus rien à perdre, car son état de santé est piteux et lamentable.

Albert, le père de Dorila, vient de moins en moins les visiter depuis leur faillite. Mais pendant la période de désintoxication de son fils, il arrive, un après-midi, comme un cheveu sur la soupe. Occupée à faire sa lessive au sous-sol, Henriette était seule et en larmes. Elle fut surprise en voyant son beau-père et elle ne parvint pas à cacher ses larmes.

— Tu pleures? lui dit-il.

— Oui, j'en peux pus.

— Dorila te donne du fil à r'tordre?

— Oui.

— Ça fait longtemps qui boé?

— Oui, monsieur Brassard, ça traîne depuis ben des années.

Mé si j'vous l'avais dit, vous m'auriez pas cru à ce moment-là.

— T'as raison, ma bru.

— Maintenant, y é trop tard. Même si y s'fait traiter, tout est détérioré entre nous.

— Y a rien à faire, hein?

— Non, j'ai trop enduré.

— J'te comprends. Si vous vous séparez, j'te comprendrai.

Henriette baisse la tête. Elle ne peut plus arrêter ses larmes.

— T'aimes mieux pus parler, j'pense?

— J'sus pas capable.

Et les sanglots l'étouffent. Tout ce qui avait été contenu et retenu, là dans son cœur, elle est incapable de le dire. Mais reprenant son courage à deux mains, elle réussit à murmurer:

«Monsieur Brassard, j'ai rien qu'une idée en tête maintenant: le voir partir ou mourir.»

Albert sort son grand mouchoir pour essuyer ses larmes, comme il l'avait déjà fait lorsqu'il avait appris les mensonges d'Émérentienne et de Lucrèce.

— Tu es trop têtue pour revenir en arrière.

— J'sus pas têtue, j'sus trop blessée, j'sus au boutte.

Il repartit comme il était venu. Il ne pouvait sauver son fils mais, comme sa bru, il acceptait mal la défaite.

Dorila revient de sa cure plus brisé et plus défait qu'auparavant. Quand ton corps, ta tête et ton cœur sont imbibés d'alcool, personne n'y peut rien, même pas une sœur Jeanne-d'Arc. Dorila ne met pas beaucoup de temps à reprendre ses accusations ou ses menaces, la menace de vendre la nouvelle maison, entre autres. Manque-t-il encore d'argent pour boire? Ou a-t-il peur d'en manquer? De toute manière, cela ne préoccupe plus Henriette. Elle n'a aimé que trois maisons dans sa vie: la maison de son grand-père Audet, celle de la rue Massenet et le chalet de Saint-Félix d'Otis. La première n'est plus qu'un souvenir d'enfance, la deuxième, Dorila l'a vendue, et le chalet, elle n'ose plus y aller, elle a trop peur.

Chapitre 28

Le divorce

La séparation va se faire prochainement, il n'y a pas de doute. Ce n'est qu'une question de temps. Depuis la cure de désintoxication de Dorila, Henriette ne craint plus de perdre la garde de ses deux filles puisqu'elle est maintenant en mesure de prouver l'alcoolisme de son mari.

Que le divorce vienne, elle est prête à y faire face. Elle est maintenant assez remise de son opération et elle peut escompter pouvoir gagner sa vie et celle de ses filles en toute quiétude.

Quelques mois plus tard, Dorila vend la deuxième maison et, comme à la vente de la première maison, il garda pour lui tout le profit réalisé sur la vente.

Il loue un logement huppé dans l'édifice Angoulême, sur la rue du même nom. Il ne reste plus à la famille, ou à ce qu'il en reste, qu'un ameublement convenable. L'automne dernier, Jean-Paul a loué une petite maison de ferme dont il a lui-même refait et isolé les murs pour faire de la musique à son goût. Martine et Jessy ne veulent pas quitter leur mère.

Après le déménagement, quand Henriette voulut savoir son nouveau numéro de téléphone, une autre mauvaise surprise l'attendait de la part de Dorila. Il refusa en effet de lui donner le fameux numéro.

— Tu pourras pus avoir de téléphones. Si tes amants veulent te rejoindre, ils le feront d'une autre façon.

— Y faut que j'le sache. Les filles, elles, si elles veulent me parler.

— Passe-toé-z-en, t'en as pas besoin.

Dorila avait pris un numéro confidentiel et pas moyen de l'obtenir auprès de la téléphoniste. Henriette vivait en recluse. Un soir où Jessy était en difficulté au terminus d'autobus, elle dut appeler sa tante Luce pour se faire dépanner, car elle n'avait aucun moyen de rejoindre sa mère. Luce était furieuse quand elle arriva à la maison avec Jessy.

— Si jamais y t'arrive que'que chose, qu'est-ce que j'fais?

— Tu peux pas m'appeler mais moé, j'peux l'faire.

— Ah ben! que j'sus inquiète de toé!

— T'en fais pas, ça achève.

— Quand? C'é quand qu'ça va finir?

— J'attends que ça soit lui qui demande le divorce.

— Mé pourquoi?

— J'sus ben comme jamais ici. J'ai des bons voisins et mes deux filles. Lui, y vient presque pas. Y a sa chambre, j'ai la mienne, j'me trouve ben.

— Dis-moé pas qu'y couchait encore dans ta chambre?

— Ah non!... Ah non! Ça fait presque dix ans qu'on n'a pas eu de relations, pis qu'y couche pus avec moé.

— Ah bon! tu m'as fait peur.

— Non... depuis qu'il m'a battue dans le lit, j'ai coupé ça.

— Même pas en voyage? en Floride, au Mexique, en Europe?

— Oui... une fois, en Europe, mais avec dif-ficulté. Qu'est-ce que tu veux? Y'é tout l'temps saoul.

Avec Luce, Henriette réussit à s'ouvrir de temps en temps. Elle sait que sa sœur ne dévoile jamais ses confidences. Tout l'hiver, elles continuent à se visiter. Le jour, elles communiquent au magasin et le soir, Luce s'amène à la maison sans jamais se lasser. Elle est la gardienne fidèle de sa grande sœur.

Pendant les vacances d'hiver, elle vient la chercher tous les jours et tous les soirs. Elles vont au théâtre, au cinéma, au restaurant, etc. Henriette apprend à faire cavalier seul, et le mari de Luce laisse sa femme décider de ses sorties.

Jessy, qui partage la chambre de sa mère, a hâte que les vacances finissent pour pouvoir reprendre leurs habitudes. Chaque soir, en effet, elles s'assoyaient toutes les deux dans la chambre et s'amusaient à quelque jeu de société ou autre. Elle continuait ses cours de ballet classique avec passion et elle obtint sa médaille du *Royal Ballet* de Londres, au printemps.

Martine pratique toujours la flûte traversière, mais avec moins de passion que Jessy son ballet. Martine est en période de transition et les problèmes de ses parents l'affectent peut-être plus qu'ils n'affectent sa petite sœur. Allez donc savoir. Martine est très secrète, elle a de qui tenir. Elle cache ses maladies et ses souffrances. Le printemps dernier, elle a souffert d'une mononucléose et elle a perdu l'appétit, demeurant lymphatique et sans entrain.

Quand Dorila revient le soir, elles sont déjà toutes les trois dans leur chambre. La maison est habitée par des muets et cela élimine toute possibilité de conflit. Il y en a tellement eus, qu'un peu de répis se prend bien.

Un soir de juin, Jessy revient toute joyeuse de ses cours de ballet.

— Maman... maman, j'ai quelque chose à t'apprendre. Si tu savais qu'est-ce qui m'arrive.

— Allons, parle, ma chouette.

Henriette utilise souvent ce surnom pour appeler ou interpeller sa fille.

— Dans deux semaines, madame Chirieff, des Grands Ballets canadiens, vient m'auditionner.

Ah oui! C'é t'y encore pour les cours d'été?

— J'sais pas trop, mais j'pense que c'est pour autre chose. Appelle madame Boivin, elle a essayé de te rejoindre mais tu sais... le téléphone.

— Oui, je sais trop bien.

Madame Boivin lui apprend que Jessy serait une des concurrentes à auditionner pour la future école des Grands Ballets canadiens, à l'automne. Les Grands Ballets canadiens avaient en effet obtenu du ministère de l'Éducation du Québec d'offrir une option ballet à l'École Pierre-Laporte de Montréal. Toutes les danseuses qui seront en secondaire I à l'automne et qui seront jugées aptes pourront être admises à cette école et bénéficier d'une bourse d'études.

Madame Ludmila Chirieff prit le bâton du pèlerin et fit le tour de la province. Elle choisit une classe complète de jeunes filles pour débuter dans cette option de même que quelques garçons.

Jessy travaille fort. Elle veut cette bourse, car elle adore la danse et veut en faire une carrière. Elle aura douze ans à la fin de juin. Elle est mince comme un fil et belle comme un cœur. Ses longs cheveux noirs forment un soyeux rideau sombre qui lui descend jusqu'aux reins. Elle a les yeux brillants et noirs comme le jais et, de plus, elle a un caractère solide et décidé.

— Penses-y, Jessy, tu seras absente toute l'année.

— Ça s'ra pas la première fois. J'sus déjà partie, maman, en cours d'été.

— Oui, et j'ai été bien seule.

— Tu seras avec Martine.

— Martine est plus souvent absente que présente.

— Si je suis choisie, tu accepteras tous les frais que ça va te d'mander?

— Ah! bien sûr que oui! Jamais j'empêcherai un de mes enfants de faire ce qu'il aime, même si ça me d'mande beaucoup.

Tout à coup, Henriette songe à Marcel qu'elle ne voit presque plus, seulement à l'occasion, et elle se met à réfléchir.

«Comment peut-on se couper d'un enfant sans souffrir? Tantôt c'était Marcel, ensuite Jean-Paul, et maintenant, ça sera Jessy.»

À chaque fois que part un de ses enfants, Henriette vit un accouchement moral intense, inerminable. Aucun remède n'a été découvert pour atténuer les souffrances morales de la séparation, pour cicatriser la coupure qui déchire le cœur dans son entier. Même le mariage de Laurence lui a été pénible. Elle s'en remet à peine, après tant d'années.

«Suis-je une mère trop possessive pour souffrir autant à chaque départ?» se demande Henriette.

Elle a tellement investi dans ses enfants! Tout l'amour resté inassouvi dans son couple s'est transféré sur eux. Et elle a voulu être la mère parfaite comme elle avait aussi essayé d'être l'épouse parfaite. Henriette s'est dévouée corps et âme pour ses enfants. Elle leur a donné amour et tendresse croyant qu'ils en conserveraient les marques dans leur cœur, mais Dorila a tout détruit avec la bouteille. Tout a été bousillé, réduit à néant.

«Comme il est difficile de faire mieux que ses parents! songe-t-elle. Isidore et Florentine ont engendré violence et colère. Et moé, j'ai voulu tout endurer, tout souffrir pour que mes enfants soient épargnés et j'en suis arrivée à un gâchis total.»

Elle a tellement honte d'en arriver au divorce qu'elle ne peut se décider à le demander. Elle en a la rage au cœur rien que d'y penser. Elle hait Dorila, aussi, de l'avoir entraînée. Elle aurait dû endurer et souffrir encore plus, et surtout, être encore plus parfaite.

«J'ai visé trop haut, se dit-elle, et me voilà rendue bien bas. Pourquoi? Pourquoi moé?»

Et elle reste là, encore et encore, espérant trouver quelque souffrance de plus qui traînerait ici et là, qui pourrait la rendre encore plus parfaite que la perfection, plus coupable que la culpabilité, plus honteuse que la honte. À bien y penser, ce qu'elle a souffert depuis vingt-cinq ans, ce ne sont, au fond, que des clopinettes, de petits incidents passagers. Elle aurait pu passer l'éponge. Divorcer pour si peu? Qu'est-ce que c'est, vingt-cinq années de souffrance à côté de la honte et du mépris que l'on éprouve envers soi-même? D'ailleurs, Dorila ne lui a-t-il pas dit, l'autre soir?

— Toé, Henriette, j'aurais dû te battre tous les soirs avec une barre de fer. Je t'ai battue que quelques fois, ça n'était pas assez.

— Les milliers de coups de poing, ça compte pas, je suppose? lui répondit-elle.

En entendant cette réponse, Dorila s'était mis à la frapper de nouveau.

«Tiens... tiens, des coups de poing... encore.»

Elle aurait bien eu le goût de lui dire:

«Oui, c'est vrai, Dorila, tu aurais dû le faire. Tu aurais dû me frapper, me frapper assez fort pour tuer ma perfection, ma grandeur d'âme, ma magnanimité. Tu as raison, Dorila. Il faut tuer ces femmes qui ont le goût de la soumission, qui ont un tempérament de victime et de martyre, pour ne plus qu'elles enfantent d'autres victimes et d'autres martyrs. Oui, tu as raison, Dorila. Il faut les abattre, car elles ne méritent pas de vivre. Maudites soient les victimes d'un homme comme toé. Mais tu n'as pas encore été assez bon, car tu n'as pas réussi à me tuer. Il en faudrait des milliers d'hommes comme toé pour en finir une fois pour toutes avec ces maudites femmes victimes et soumises. Qu'elles débarrassent le plancher et qu'elles cèdent la place aux femmes fortes qui rendent poing pour poing et dent pour dent.»

* * * * *

Cet été est particulièrement chaud et, comme si ce n'était pas assez, il y a grève au magasin. Comme elle fait partie du personnel cadre, Henriette s'y retrouve enfermée presque tout l'été, sans pouvoir prendre de vacances.

Laurence était venue la voir une fois avec son petit Martin et Henriette l'avait gardé. Il avait sorti tous les chaudrons, les jeux de cartes, les bibelots, et même un peu de vaisselle qui se trouvait à portée de sa main. Il avait grimpé sur la table du salon, mis les coussins du divan par terre et sauté sur tout ce qu'il voulait. Enfin, Henriette se donnait le droit au désordre. Elle passa la journée à observer son petit-fils qui faisait tout sans contrainte. Laurence en fut scandalisée à son retour.

— Mais, maman, tu nous as jamais laissés faire ça.

— Non, mais j'aurais dû.

Laurence se met à ramasser les objets éparpillés mais l'enfant remonte sur la table et recommence à sauter sur les coussins.

— Maman, y va tout égratigner ta table.

— C'te maudite table-là, j'la ménage depuis des années. Elle a servi rien qu'à se faire regarder et astiquer.

— Oui, mais t'en as encore besoin.

— Besoin d'une table? C'te table-là, ma fille, elle m'a jamais dit «je t'aime» et elle m'a jamais caressée. Pourquoi j'la ménagerais?

Laurence la regarde les yeux ronds, sans rien comprendre.

— Ah! si tu penses comme ça.

— Il le faut bien, ma fille. J'aurais dû penser comme ça bien avant aujourd'hui. Si on regardait et traitait les gens qui nous entourent et qui nous aiment avec autant de respect qu'on peut le faire pour les objets, peut-être qu'on serait plus heureux? Mais tout ça, on le comprend trop tard.

Laurence repartit avec son petit Martin et ne revint plus de l'été. Henriette croisa Marcel une seule fois, en face de son appartement et elle ne vit pas Jean-Paul. Martine profitait de ses vacances et Jessy préparait son départ du cinq septembre.

Le quinze du mois d'août, un huissier sonna à la porte avec une requête en divorce.

À SUIVRE

LEXIQUE

Astheure:	Maintenant
Badlucké:	Malchanceux
Ben:	Bien
Boé:	Boit
Boss:	Employeur
Bluffer:	Imposer aux niais
Cenne:	Sous, cent (pièce de monnaie)
Char:	Automobile
Charroyer:	Transporter
Chum:	Ami, copain ou amoureux
Clairer:	Congédier
Coudon:	Donc
Couverte:	Couverture

Drink:	Consommation
En famille:	Enceinte
Hose:	Boyau d'arrosage
Huile de bras:	Force musculaire
Jobines:	Petits travaux
Les Bleus:	Parti politique
Les Rouges:	Parti politique
Maller:	Poster
Menteries:	Mensonges
Moé:	Moi
Pack-sac:	Havresac
Piastres:	Dollars
Ponce:	Cordial, boisson faite d'alcool de sucre et d'eau
Set de clefs:	Trousseau de clefs
Sleeping:	Sac de couchage
Tanné:	Fatigué
Truck:	Camion